AF525330

Gaspara Stampa (1523-1554)

GASPARA STAMPA

SONETTE

Italienisch – Deutsch

Ausgewählt und übersetzt von
Christoph Ferber
Mit einem Nachwort von
Georges Güntert

DIETERICH'SCHE VERLAGSBUCHHANDLUNG
MAINZ

Abbildungsnachweise:

S. 2, 130: Gaspara Stampa, *Rime*, Mailand: Rizzoli, 1976.
S. 110: *The Genius of Venice 1500-1600*, London: Royal Academy of Arts, 1983.

ISBN 3-87162-055-6

Gesetzt aus der Stempel Garamond
Gesamtherstellung:
AZ Druck und Datentechnik GmbH, Kempten/Allgäu
Einband nach einem Entwurf von
Rambow und van de Sand, Frankfurt am Main

Inhaltsverzeichnis

Sonette

I

Voi, ch'ascoltate in queste meste rime,
in questi mesti, in questi oscuri accenti
il suon degli amorosi miei lamenti
e de le pene mie tra l'altre prime,

ove fia chi valor apprezzi e stime,
gloria, non che perdon, de' miei lamenti
spero trovar fra le ben nate genti,
poi che la lor cagione è sì sublime.

E spero ancor che debba dir qualcuna:
– Felicissima lei, da che sostenne
per sì chiara cagion danno sì chiaro! –

Deh, perché tant'amor, tanta fortuna
per sì nobil signor a me non venne,
ch'anch'io n'andrei con tanta donna a paro?

I

Die ihr in diesen trauervollen Reimen,
in diesen trauervollen, dunklen Klängen
die Stimme meines Liebesleids erkennen
und nachvollziehen könnt; o wollt mein Weinen

nicht nur verzeihen, wollt mein wehes Klagen
– so mag es Wohlgeborenen auch ziemen –
mit Ehrfurcht hören und gebührend rühmen,
da doch die Gründe dafür so erhaben.

Vielleicht sagt eine dann (sie muß es wissen):
„Glücklich die Frau, die aus so hohen Gründen
so hohe Not gelitten ohne Tadel!"

Wie konnte *ich* nicht solche Liebe finden,
solch Glück durch einen Herrn von solchem Adel,
wie mich mit einer solchen Frau nicht messen?

II

Era vicino il dì che 'l Creatore,
che ne l'altezza sua potea restarsi,
in forma umana venne a dimostrarsi,
dal ventre virginal uscendo fore,

quando degnò l'illustre mio signore,
per cui ho tanti poi lamenti sparsi,
potendo in luogo più alto annidarsi,
farsi nido e ricetto del mio core.

Ond'io sì rara e sì alta ventura
accolsi lieta; e duolmi sol che tardi
mi fe' degna di lei l'eterna cura.

Da indi in qua pensieri e speme e sguardi
volsi a lui tutti, fuor d'ogni misura
chiaro e gentil, quanto 'l sol giri e guardi.

II

Der Tag war nah, an dem aus Himmelshöhen,
sie hätten ihn auf ewig auch geborgen,
der Weltenschöpfer trat, um – Mensch geworden –
aus einer Jungfrau Leib hervorzugehen,

als sich mein Herr, erlaucht und wohlgeboren,
er, dem ich meiner Klagen Kranz gewunden,
– viel höher hätte Zuflucht er gefunden –,
mein Herz als Heim und Wohnstatt auserkoren.

Das seltene Geschick, das mich getroffen,
ich nahm's mit Freuden an; und mich bedrückte
allein, daß es mir Gott nicht eher schickte.

Seitdem verweilt mein Blick, mein Denken, Hoffen
auf ihm nur, dessen Glorie ohnegleichen;
die Sonne weiß es: jeder muß ihm weichen.

IV

Quando fu prima il mio signor concetto,
tutti i pianeti in ciel, tutte le stelle
gli diêr le grazie, e queste doti e quelle,
perch'ei fosse tra noi solo perfetto.

Saturno diègli altezza d'intelletto;
Giove il cercar le cose degne e belle;
Marte appo lui fece ogn'altr'uomo imbelle;
Febo gli empì di stile e senno il petto;

Vener gli dié bellezza e leggiadria;
eloquenza Mercurio; ma la luna
lo fe' gelato più ch'io non vorria.

Di queste tante e rare grazie ognuna
m'infiammò de la chiara fiamma mia,
e per agghiacciar lui restò quell'una.

IV

Bei der Empfängnis meines Grafen haben
die Sterne und Planeten Rat gehalten,
um ihn an Anmut und an Geistesgaben
so reich wie immer möglich zu gestalten.

Saturn hat ihm den Intellekt gegeben
und Jupiter die Größe und die Würde,
der Kriegsgott stählte ihn fürs Ritterleben,
und Venus gab ihm Ebenmaß und Zierde;

Apollo Eleganz und feine Sitten,
und Eloquenz – Merkur. Doch wollte mitten
ins Herz der Mond ihm Eiseskälte legen.

All diese schönen Gaben im Vereine
entfachten meine Flamme – aber eben:
um sie zu löschen blieb ihm jene eine.

V

Io assimiglio il mio signor al cielo
meco sovente. Il suo bel viso è 'l sole;
gli occhi, le stelle, e 'l suon de le parole
è l'armonia, che fa 'l signor di Delo.

Le tempeste, le piogge, i tuoni e 'l gelo
son i suoi sdegni, quando irar si suole;
le bonacce e 'l sereno è quando vuole
squarciar de l'ire sue benigno il velo.

La primavera e 'l germogliar de' fiori
è quando ei fa fiorir la mia speranza,
promettendo tenermi in questo stato.

L'orrido verno è poi, quando cangiato
minaccia di mutar pensieri e stanza,
spogliata me de' miei più ricchi onori.

V

Im Herzen setze meinen Herrn ich oft
dem Himmel gleich, sein Angesicht der Sonne,
sein Augenpaar den Sternen; seinem Wort
verleiht Apollo Harmonie und Wonne.

Die Stürme, Schnee und Regen, Donner, Frost
sind seines Zornes Grollen, Blitzen, Dröhnen;
doch bald wird's still – und heiter gegen Ost,
der Schleier reißt: mein Herr will sich versöhnen.

Der Frühling und das Sprießen erster Blüten
ist, wenn er meine Hoffnung blühen läßt
und mir verspricht, daß alles nun so bleibe.

Der rauhe Winter ist, wenn – Gott behüte! –
er, seine Sinne ändernd, mich verläßt,
und ich, beraubt all meiner Ehren, leide.

VI

Un intelletto angelico e divino,
una real natura ed un valore,
un disio vago di fama e d'onore,
un parlar saggio, grave e pellegrino,

un sangue illustre, agli alti re vicino,
una fortuna a poche altre minore,
un'età nel suo proprio e vero fiore,
un atto onesto, mansueto e chino,

un viso più che 'l sol lucente e chiaro,
ove bellezza e grazia Amor riserra
in non mai più vedute o udite tempre,

fûr le catene, che già mi legâro,
e mi fan dolce ed onorata guerra.
O pur piaccia ad Amor che stringan sempre!

VI

Ein Geist, so wie bei Göttern er sich findet,
eine Natur, der Könige selbst weichen,
ein Wille, Ruhm und Ehre zu erreichen,
ein Redestil, voll Weisheit, rar, vollendet.

ein Blut von edelster, erlesner Güte,
ein Reichtum, wie nur wenige ihn haben,
ein Äußeres, sanft, würdevoll, erhaben,
ein Alter, jugendlich, in voller Blüte,

ein Angesicht, noch lichter als die Sonne,
in dem sich Pracht und Lieblichkeit verbinden,
so daß, wer's sieht, vergehen muß vor Wonne,

das sind die süßen Ketten, die mich binden,
die täglich mich bekriegen – mich beglücken.
Gönn, Liebe, mir, daß sie mich ewig drücken!

VIII

Se, così come sono abietta e vile
donna, posso portar sì alto foco,
perché non debbo aver almeno un poco
di ritraggerlo al mondo e vena e stile?

S'Amor con novo, insolito focile,
ov'io non potea gir, m'alzò a tal loco,
perché non può non con usato gioco
far la pena e la penna in me simìle?

E, se non può per forza di natura,
puollo almen per miracolo, che spesso
vince, trapassa e rompe ogni misura.

Come ciò sia non posso dir espresso;
io provo ben che per mia gran ventura
mi sento il cor di novo stile impresso.

VIII

Wenn auch als Frau nur, niedrig und bescheiden,
ich fähig bin, so hohe Glut zu tragen,
warum soll Stil und Ader ich nicht haben,
sie dieser Welt gebührend zu beschreiben?

Denn konnte Liebe es mit List erreichen,
daß ich in solche Höhe mich erhebe,
so kennt sie auch die Mittel und die Wege,
den Federkiel dem Fühlen anzugleichen.

Und sollte sie's durch eigne Kraft nicht können,
vermag sie es durch Wunder, welche jeder
Begrenzung spotten, keine Maße kennen.

Wie soll ich einen solchen Vorgang nennen?
Ich weiß nicht – aber spüre Herz und Feder,
o hohes Glück, von neuem Stil entbrennen.

XVI

Sì come provo ognor novi diletti,
ne l'amor mio, e gioie non usate,
e veggio in quell'angelica beltate
sempre novi miracoli ed effetti,

così vorrei aver concetti e detti
e parole a tant'opra appropriate,
sì che fosser da me scritte e cantate,
e fatte cónte a mille alti intelletti.

Et udissero l'altre che verranno
con quanta invidia lor sia gita altera
de l'amoroso mio felice danno;

e vedesse anche la mia gloria vera
quanta i begli occhi suoi luce e forza hanno
di far beata altrui, benché si pèra.

XVI

So wie in meiner Liebe ich versteckte,
stets neue Reize find und neue Freuden,
und, läßt sie mich am Engelsantlitz weiden,
auch unbekannte Wunder und Effekte,

so möchte ich Begriff und Worte ständig
mit soviel Zauberwerk in Einklang bringen
und tausend hohen Geistern davon singen –
und schreibend davon künden, wahr, lebendig.

Geb Gott, manch eine hör es – und beneide
mich um den Stolz, mit dem ich auch im Leide
die heißgeliebte Liebespein getragen.

Und gebe Gott, mein wahrer Ruhm bezeuge,
daß seine schönen Augen Kräfte haben,
die Frauen selig machen und ... begraben.

XVII

Io non v'invidio punto, angeli santi,
le vostre tante glorie e tanti beni,
e que' disir di ciò che braman pieni,
stando voi sempre a l'alto Sire avanti;

perché i diletti miei son tali e tanti,
che non posson capire in cor terreni,
mentr'ho davanti i lumi almi e sereni,
di cui conven che sempre scriva e canti.

E come in ciel gran refrigerio e vita
dal volto Suo solete voi fruire,
tal io qua giù da la beltà infinita.

In questo sol vincete il mio gioire,
che la vostra è eterna e stabilita,
e la mia gloria può tosto finire.

XVII

Euch, hehre Engel, werd ich nie beneiden
um Ruhm, um Heiligkeit, um Majestät,
um euer Los nicht, nicht um eure Freuden,
wenn ihr vor Ihm, dem Allerhöchsten, steht.

Denn schon mein Erdenglück läßt sich nicht zwingen
– so groß ist's – in mein Herz, schau ich sie an,
die Lichter, hehr und hell, die zu besingen,
die hoch zu loben ich nicht lassen kann.

Und wie im Himmel ihr Erquickung findet
und Leben aus dem Angesicht des Herrn,
so lebe ich von Schönheit, die nicht endet.

Mir überlegen seid ihr insofern,
als eure Freuden ewig fest bestehen –
mein Erdenglück kann bald zu Ende gehen.

XVIII

Quando i' veggio apparir il mio bel raggio,
parmi veder il sol, quand'esce fòra;
quando fa meco poi dolce dimora,
assembra il sol che faccia suo viaggio.

E tanta nel cor gioia e vigor aggio,
tanta ne mostro nel sembiante allora,
quanto l'erba, che pinge il sol ancora
a mezzo giorno nel più vago maggio.

Quando poi parte il mio sol finalmente,
parmi l'altro veder, che scolorita
lasci la terra andando in occidente.

Ma l'altro torna, e rende luce e vita;
e del mio chiaro e lucido oriente
è 'l tornar dubbio e certa la partita.

XVIII

Erscheint mein lichter Strahl vor meinen Augen,
so ist's, als wär die Sonne aufgegangen,
verweilt er dann bei mir, so muß ich glauben,
die Sonne steh am Himmel voller Prangen.

Und alle Freuden, die mein Herz empfindet,
sind klar auf meinem Antlitz nachgezeichnet,
so wie, wenn sie die Mittagssonne blendet,
die Frühlingswiese farbenfroher leuchtet.

Wenn dann am Ende meine Sonne scheidet,
so ist's, als zöge auch die andre Sonne,
die Erde farblos lassend, gegen Abend.

Allein sie kehrt zurück, die Welt erlabend,
dieweil ich niemals weiß, ob *meine* Sonne,
mein Morgen sich zur Wiederkehr entscheidet.

XXV

– Trâmi – dico ad Amor talora – omai
fuor de le man di questo crudo ed empio,
che vive del mio danno e del mio scempio,
per chi arsi ed ardo ancor, canto e cantai.

Poi che con tanti miei tormenti e guai
sua fiera voglia ancor non pago od empio,
o di Diana avaro e crudo tempio,
quando del sangue mio sazio sarai? –

Poi torno a me, e del mio dir mi pento:
sì l'ira, il rimembrar pur lui, mi smorza,
che de' miei non vorrei meno un tormento.

Con sì nov'arte e con sì nova forza
la bellezza ch'io amo, e ch'io pavento,
ogni senso m'intrica, offusca e sforza.

XXV

Entreiß mich – sag zur Liebe ich – den Fängen
des Bösen, Frevelhaften, Harten, Rauhen,
den mein Verderben, meine Pein erbauen,
für den ich immer brennen muß und singen!

Mit meinem Schmerz und meinen Qualen hätt ich
all seine Lust noch nicht befriedigt? Sag es!
Und: kahler, rauher Tempelbau Dianas,
bist du mit meinem Blut noch nicht gesättigt?

Doch gleich bereue Aufschrei ich und Klage:
ich kann ihm nicht mehr zürnen – und ich möchte,
daß alle meine Qual ich wieder habe.

So ist es, daß durch immer neue Künste
die Schönheit, die ich liebe, die ich fürchte,
mir meinen Geist verwirrt, verdreht, verfinstert.

XXVI

Arsi, piansi, cantai; piango, ardo e canto;
piangerò, arderò, canterò sempre
(fin che Morte o Fortuna o tempo stempre
a l'ingegno, occhi e cor, stil, foco e pianto)

la bellezza, il valor e 'l senno a canto,
che 'n vaghe, sagge ed onorate tempre
Amor, natura e studio par che tempre
nel volto, petto e cor del lume santo;

che, quando viene, e quando parte il sole,
la notte e 'l giorno ognor, la state e 'l verno.
tenebre e luce darmi e tôrmi suole,

tanto con l'occhio fuor, con l'occhio interno,
agli atti suoi, ai modi, a le parole,
splendor, dolcezza e grazia ivi discerno.

XXVI

Ich brannte, weinte, sang; brenn, weine, singe;
werd brennen, weinen, singen – bis der Tod,
bis Zeit oder Geschick in Schranken zwingen
Herz, Aug, Verstand – und Feder, Feuer, Not.

Besingen werd ich Anmut, Geist und Würde
in Antlitz, Brust und Herz des hehren Lichts,
so wie mit Klugheit, Ehrgefühl und Zierde
sie Studium, Natur und Liebe mischt.

Und wie die Sonne, wenn sie kommt und geht,
mir Tag und Nacht und Winterzeit und Sommer
und Hell und Dunkel bringt und wieder nimmt,

so ist's mein Auge, das in seinen Worten,
in Taten und Gebärden – Majestät
und Ebenmaß und Lieblichkeit erkennt.

XXVIII

Quando innanti ai begli occhi almi e lucenti,
per mia rara ventura al mondo, i' vegno,
lo stil, la lingua, l'ardire e l'ingegno,
i pensieri, i concetti e i sentimenti

o restan tutti oppressi o tutti spenti,
e quasi muta e stupida divegno;
o sia la riverenza, in che li tegno,
o sia che sono in quel bel lume intenti.

Basta ch'io non so mai formar parola,
sì quel fatale e mio divino aspetto
la forza insieme e l'anima m'invola.

O mirabil d'Amore e raro effetto,
ch'una sol cosa, una bellezza sola
mi dia la vita, e tolga l'intelletto!

XXVIII

Gewährt ein hohes Glück mir, sie zu sehen,
die schönen, lichten, lebensfrohen Augen,
sind Sprache, Stil, Geschicklichkeit und Taugen,
Begriff, Gefühl, Gedanke und Verstehen

wie ausgelöscht, gelähmt, erdrückt, geblendet,
so daß ich stumm und töricht vor ihm stehe
und voller Scheu und voller Ehrfurcht sehe
in immer dieses Bildnis, licht, vollendet.

Kein Wort, das nicht im Munde stecken bliebe,
ich schau und werde rot und muß erblassen –
und Kraft und Seele wollen mich verlassen.

So wundersam und selten wirkt die Liebe,
daß nur ein Anblick mir: zwei schöne Augen
das Leben leihen und den Geist mir rauben!

XXX

Fra quell'illustre e nobil compagnia
di grazie, che vi fan, conte, immortale,
s'erge più d'altra e vaga stende l'ale
del canto la dolcissima armonia.

Quella in noi ogni acerba cura e ria
può render dolce, e far lieve ogni male;
quella, quand'Euro più fiero l'assale,
può render queto il mar turbato pria.

Il giuoco, il riso, Venere e gli Amori
si veggon l'aere far sereno intorno,
ovunque suoni il dolce accento fuori.

Ed io, potendo far con voi soggiorno,
a l'armonia di quei celesti cori
poco mi curerei di far ritorno.

XXX

Von allen Reizen, die erlauchten Ranges,
Sie, Graf, vom Reich der Sterblichen entrücken,
mag mehr als alle andern mich entzücken
die Gabe des Gesangs, des schönen Klanges.

Sie macht uns süß die Sorge, die uns ängstigt,
erträglich jede Last und jedes Übel,
so wie Südwest, erhebt er seine Flügel,
das Meer, das stürmisch war, auf einmal bändigt.

Das Spiel, das Lachen, Amor, seine Pfeile
erheitern selbst die Lüfte, wo auch immer
in Liedern Lieb und Lust gepriesen werden.

Und ich, solange ich bei Ihnen weile,
verzichte auf die Harmonie der Himmel
um jener Klänge willen hier auf Erden.

XXXV

Accogliete benigni, o colle, o fiume,
albergo de le Grazie alme e d'Amore,
quella ch'arde del vostro alto signore,
e vive sol de' raggi del suo lume;

e, se fate ch'amando si consume
men aspramente il mio infiammato core,
pregherò che vi siene amiche l'ôre,
ogni ninfa silvestre ed ogni nume,

e lascerò scolpita in qualche scorza
la memoria di tanta cortesia,
quando di lasciar voi mi sarà forza.

Ma, lassa, io sento che la fiamma mia,
che devrebbe scemar, più si rinforza,
e più ch'altrove qui s'ama e disia.

XXXV

Empfangt mich milde, Hügel, helle Wasser,
der Liebe und der Grazien Gefilde,
da ich entbrannt nach eures Grafen Bilde
und ohne seinen Lichtstrahl gleich verblasse;

und macht ihr, auch wenn Flammen mich erhitzen,
daß – liebend – meines Herzens Kraft nicht schwinde,
so bete ich für euch um laue Winde,
um Nymphen, Geister, Götter, die euch schützen,

und werd in eine junge Rinde ritzen,
was an Erinnerung ich mit mir trage,
sobald ich Kraft euch zu verlassen habe.

Allein, die Flammen lodern auf und blitzen.
Hier, wo ich Gnade fand, soll ich sie zähmen?
Nach noch mehr Liebe muß ich hier mich sehnen!

XL

Onde, che questo mar turbate spesso,
come turba anco me la gelosia,
venite a starvi meco in compagnia,
poi che mi sète sì care e sì presso:

così fiero Austro ed Aquilon con esso
men importuno e men crudo vi sia;
così triegua talor Eolo vi dia,
quel ch'a me da l'amor non m'è concesso.

Lassa, ch'io ho da pianger tanto e tanto,
che l'umor, che per gli occhi verso fore,
è poco o nulla, se fosse altrettanto.

Voi mi darete voi del vostro umore
quanto mi basti a disfogar il pianto,
che si conviene a l'alto mio dolore.

XL

O Wogen, die ihr oft die Meeresweite
– wie Eifersucht mein armes Herz – entzündet,
o kommt zu der, bei der ihr Liebe findet,
kommt mir ans Herz, seid immer mir zur Seite!

So sehr auch Stürme dieses Meer bewegen,
sei es von Norden oder sei's von Süden,
Gott Äolus gewährt ihm manchmal Frieden,
was mir vom Gott der Liebe nicht gegeben.

Ja, derart ist mein Leid, daß, was dem Auge
an Nässe je entströmt, nichts im Vergleiche
mit allem Elend ist, das ich erleide.

Ihr werdet mir von eurer Nässe leihen
so viel, wie ich für meine Tränen brauche,
damit des hohen Leids sie würdig seien.

XLIII

Dura è la stella mia, maggior durezza
è quella del mio conte: egli mi fugge,
i' seguo lui; altri per me si strugge,
i' non posso mirar altra bellezza.

Odio chi m'ama, ed amo chi mi sprezza:
verso chi m'è umìle il mio cor rugge,
e son umìl con chi mia speme adugge;
a così stranio cibo ho l'alma avezza.

Egli ognor dà cagione a novo sdegno,
essi mi cercan dar conforto e pace;
i' lasso questi, ed a quell'un m'attegno.

Così ne la tua scola, Amor, si face
sempre il contrario di quel ch'egli è degno:
l'umìl si sprezza, e l'empio si compiace.

XLIII

Mein Los ist hart, noch härter ist mein Graf:
er flieht vor mir, ich such nur seinen Blick;
wer mich umwirbt, den weise ich zurück:
wie grausam ist das Schicksal, das mich traf.

Wer mich verachtet, den nur hab ich lieb;
wer mich verehrt, dem zeig ich meinen Haß:
dies ist es, was ich täglich spüre, was
der armen Seele noch als Nahrung blieb.

Er ist mir Grund für Ärgernis und Schmach,
sie wären Freunde, Tröster mir im Leid;
ich meide sie, ihm folg ich wie betört.

So macht man's in der Liebe stets verkehrt:
den Ehrenhaften hält man sich vom Leib,
dem Frevelhaften aber stellt man nach.

XLVII

Io son da l'aspettar omai sì stanca,
sì vinta dal dolor e dal disio,
per la sì poca fede e molto oblio
di chi del suo tornar, lassa, mi manca,

che lei, che 'l mondo impalidisce e 'mbianca
con la sua falce e dà l'ultimo fio,
chiamo talor per refrigerio mio,
sì 'l dolor nel mio petto si rinfranca.

Ed ella si fa sorda al mio chiamare,
schernendo i miei pensier fallaci e folli,
come sta sordo anch'egli al suo tornare.

Così col pianto, ond'ho gli occhi miei molli,
fo pietose quest'onde e questo mare;
ed ei si vive lieto ne' suoi colli.

XLVII

Zu warten werde müder ich und müder,
besiegt hat mich der Schmerz, der Wunsch betrogen:
er war, wenn auch nur kurz, mir wohl gewogen,
doch er vergaß – und kehrt zu mir nicht wieder,

so daß zuweilen ich von dem erflehe,
der mit der Sense kommt, sich zu erbarmen
der Leidgeprüften, Unglücksvollen, Armen,
damit ihr Schmerz nicht noch einmal erstehe.

Doch er ist taub – wie jener, der zu kommen
sich nicht mehr anschickt – und verlacht mein Sehnen
und nennt es töricht, kühn und unbesonnen.

So werd ich mit der Fülle meiner Tränen
noch diese Wogen, dieses Meer beschämen;
doch er, auf seinen Hügeln, lebt in Wonnen.

LI

Vieni, Amor, a veder la gloria mia,
e poi la tua; ché l'opra de' tuoi strali
ha fatto ambeduo noi chiari, immortali,
ovunque per Amor s'ama e disia.

Chiara fe' me, perché non fui restia
ad accettar i tuoi colpi mortali,
essendo gli occhi, onde fui presa, quali
natura non fe' mai poscia, né pria;

chiaro fe' te, perché a lodarti vegno
quanto più posso in rime ed in parole
con quella, che m'hai dato, vena e ingegno.

Or a te si convien far che quel sole,
che mi desti per guida e per sostegno,
non lasci oscure queste luci e sole.

LI

Komm, Liebe, und beschaue meinen Ruhm,
und dann den deinen; denn unsterblich hat
die Wirkung deiner Strahlen uns gemacht:
mich rühmt mein Lieben, dich: mein Dichtertum.

Ich hab – daher mein Glanz – mich nie geschont,
ja Todesschläge nahm ich willig hin,
sind doch die Augen, deren Raub ich bin,
so einzig, daß sich Todesmarter lohnt.

Du gabst – daher dein Ruhm – die Gabe mir,
in Worten dich zu loben, im Gedicht;
so lob ich dich, solang's mir möglich ist.

Nun lohnt es sich für dich, daß jenes Licht,
das du mir gabst, damit es hell mich führ,
dies Auge nicht allein und dunkel läßt.

LV

Voi, che 'n marmi, in colori, in bronzo, in cera
imitate e vincete la natura,
formando questa e quell'altra figura,
che poi somigli a la sua forma vera,

venite tutti in graziosa schiera
a formar la più bella creatura,
che facesse giamai la prima cura,
poi che con le sue man fe' la primiera.

Ritraggete il mio conte, e siavi a mente
qual è dentro ritrarlo, e qual è fore;
sì che a tanta opra non manchi niente.

Fategli solamente doppio il core,
come vedrete ch'egli ha veramente
il suo e 'l mio, che gli ha donato Amore.

LV

Die ihr in Farbe, Wachs und Marmorsteine
Natur zu prägen sucht und zu bezwingen
und dergestalt in eine Form zu bringen,
daß euer Werk dem Urbild ähnlich scheine,

kommt her, versucht in herzlichem Vereine
das Werk der Schöpfung nochmals zu vollbringen:
so trefflich – gebe Gott – mög es gelingen
wie Ihm, der nie ein schönres schuf, alleine.

Ein Bildnis macht von meinem Herrn; nur zeige
es meinen Grafen gänzlich: wie er außen –
und wie er innen ist, als würd er leben.

Doch fügt ihm gleich zwei Herzen ein, denn außer
dem seinen – schaut! – nennt meines er sein eigen.
Die Liebe hat's ihm als Geschenk gegeben.

LXXII

La mia vita è un mar: l'acqua è 'l mio pianto,
i venti sono l'aure de' sospiri,
la speranza è la nave, i miei desiri
la vela e i remi, che la caccian tanto.

La tramontana mia è il lume santo
de' miei duo chiari, due stellanti giri,
a' quai convien ch'ancor lontana i' miri
senza timon, senza nocchier a canto.

Le perigliose e sùbite tempeste
son le teme e le fredde gelosie,
al dipartirsi tarde, al venir preste.

Bonacce non vi son, perché dal die
che voi, conte, da me lontan vi feste,
partîr con voi l'ore serene mie.

LXXII

Ein Meer: mein Leben; seine Wasser: Tränen;
und seine Winde: Seufzer, wehes Klagen;
das Schiff: die Hoffnung; und mein Wünschen, Sehnen:
das Segeltuch, die Ruder, die es jagen.

Mein Leitstern dort: ein Licht, erhaben, heilig,
bestehend aus zwei Kreisen, hell wie Feuer;
nur ihnen folge, nur zu ihnen eil ich,
auch ohne Steuermann und ohne Steuer.

Der Sturmwind, plötzlich, jäh: die bittre Plage
der kalten Eifersucht und Angst und Bange;
bald stellen sie sich ein und währen lange.

Windstille: kenn ich nicht, denn seit dem Tage,
da Sie, mein Herr, aus meinem Blick entschwunden,
entschwanden mir auch Glück und stille Stunden.

LXXXII

Qui, dove avien che 'l nostro mar ristagne,
conte, la vostra misera Anassilla,
quando la luna agghiaccia e l' sol favilla,
pur voi chiamando, si lamenta ed agne.

Voi, dove avien che l'Oceano bagne,
la notte, il giorno, a l'alba ed a la squilla,
menando vita libera e tranquilla,
mirate lieto il mar e le campagne.

E sì l'assenzia e 'l poco amor v'invola
la memoria di lei, la vostra fede,
che pur non le scrivete una parola.

O fra tutt'altre mia miseria sola!
o pena mia, ch'ogn'altra pena eccede!
Ciò si comporta, Amor, ne la tua scola?

LXXXII

Hier, wo die Wasser unsres Meers sich stauen,
lebt kläglich Ihre arme Anaxilla;
beim kalten Mondlicht, in des Taglichts Helle,
muß sie nach Ihnen flehn, sich quälen, trauern.

Dort, wo die Meereswoge schäumt und brandet,
da leben ruhig Sie von früh bis Abend,
in Freiheit sich am Ozean erlabend,
an Wiesen und an Wäldern grüngewandet.

Die Ferne nur – und die geringe Liebe
sind Grund, daß Sie die Ärmste ganz vergessen
und ihr kein Wort und keine Zeile schreiben.

O meine Qual, wie kann ich sie noch messen –
und wie mein ganzes Elend noch beschreiben?
In deiner Schule soll ich's lernen, Liebe?

LXXXIII

Oimè, le notti mie colme di gioia,
i dì tranquilli, e la serena vita,
come mi tolse amara dipartita,
e converse il mio stato tutto in noia!

E perché temo ancor (che più m'annoia)
che la memoria mia sia dipartita
da quel conte crudel, che m'ha ferita,
che mi resta altro omai, se non ch'io moia?

E vo' morir, ché rimirar d'altrui
quel che fu mio quest'occhi non potranno,
perché mirar non sanno altri che lui.

Prendano essempio l'altre che verranno
a non mandar tant'oltre i disir sui,
che ritrar non si possan da l'inganno.

LXXXIII

O weh, ihr meine Nächte voller Freuden,
ihr stillen Tage, du mein lichtes Leben,
vermag mir doch die Zeit nach seinem Scheiden
nur ödes Leid und bittren Schmerz zu geben!

Und da ich fürchte (und mit guten Gründen),
aus meines Grafen rauhen Sinnen werde
auch die Erinnerung an mich entschwinden,
verbleibt für mich nur dies: daß ich bald sterbe.

Denn würd mein Aug, das *ihn* nur sieht, erkennen,
daß andre Augen ihn sein eigen nennen,
ich würd's nicht sehen können, würde sterben.

Mein Beispiel möge andre Frauen lehren,
nicht, was für sie zu hoch ist, zu begehren:
sie finden dort nur Täuschung und Verderben.

LXXXV

Quando talvolta il mio soverchio ardore
m'assale e stringe oltra ogni stil umano,
userei contra me la propria mano,
per finir tanti omai con un dolore.

Se non che dentro mi ragiona Amore,
il qual giamai da me non è lontano:
– Non por la falce tua ne l'altrui grano:
tu non sei tua, tu sei del tuo signore,

perché dal dì, ch'a lui ti diedi in preda,
l'anima e 'l corpo, e la morte e la vita
divenne sua, e a lui conven che ceda.

Sì ch'a far da te stessa dipartita,
senza ch'egli tel dica o tel conceda,
è troppo ingiusta cosa e troppo ardita.

LXXXV

Wie soll die Höllenqual ich von mir wenden,
die ich mir selber durch mein Glühen gebe?
Indem die Hand ich gegen mich erhebe,
so daß in einem alle Schmerzen enden?

O nein, die Liebe will's nicht, droht mit Strafen,
sie läßt mich Einsicht finden und verstehen:
„Auf einem fremden Feld darfst du nicht mähen.
Nicht dir gehörst du, du gehörst dem Grafen.

Denn seit du dich ihm gänzlich hingegeben,
ist er in Leib und Seele, Tod und Leben
dein Herr: nur ihm gebührt es zu entscheiden;

nur er kann dir die Kühnheit zugestehen,
aus diesem Leben willentlich zu scheiden.
Tätst du's von dir aus: Unrecht würd geschehen."

XCIV

A che, conte, assalir chi non repugna?
a che gittar per terra chi si rende?
a che contender con chi non contende?
con chi avete mai sempre fra l'ugna?

Sapete che co' morti non si pugna;
ché lo splendor d'un cavalier offende,
e 'l vostro più, che l'ali oggimai stende
dove non so s'altrui chiarezza aggiugna.

Guardate che la fama de le tante
vostre vittorie poi non renda oscura,
signor, quest'una sola, e non ammante.

Io per me stimerei mia gran ventura
l'esser veduta al vostro carro innante;
ma voi del vostro onor abiate cura.

XCIV

Warum, mein Graf, was wehrlos ist, befehden?
Warum nur, was sich beugt, zu Boden werfen?
Warum des Schwerts, des Säbels Klinge schärfen,
um zu bekämpfen, was sich längst ergeben?

Nein, Tote kann kein Krieger mehr bezwingen,
für einen Ritter ziemt es sich schon gar nicht,
für Sie zuletzt, da Ihre Glorie wahrlich
die ganze Welt umfängt mit lichten Schwingen.

Verhüten Sie's, den Ruhm, den Sie durch Ihre
erlauchten Siegeszüge sich erworben,
durch diesen *einen* Sieg aufs Spiel zu setzen.

Als hohes Glück, als Ehre würd ich's schätzen,
vor Ihrem Wagen herzuziehn - doch sorgen
Sie sich um *Ihren* Ruhm, um *Ihre* Ehre.

XCVIII

Conte, il vostro valor ben è infinito,
sì che vince qualunque alto valore,
ma verissimamente è via minore
del duol, ch'amando io ho per voi patito.

E, se non s'è fin qui letto et udito
de l'infinito cosa unqua maggiore,
questi sono i miracoli d'Amore,
che vince ciò che 'n cielo è stabilito.

Tempo già fu, che l'alta gioia mia
di gran lunga avanzava anco il mio duolo
mentre dolce la speme entro fioria:

or ella è gita, ed ei rimaso è solo,
dal dì che per mia stella acerba e ria
prendeste, ahi lassa! verso Francia il volo.

XCVIII

Unendlich ist Ihr Wert und unbestritten
und fähig, jeden andern zu bezwingen,
doch ist er, Graf, in Wahrheit viel geringer
als Qual und Leid, die ich für Sie gelitten.

Daß ich Unendliches so überschritten –
wer glaubte schon so unerhörten Dingen,
würd Liebe nicht durch Wunder das bezwingen,
was feststeht, ewiglich und unbestritten?

Vor kurzem konnte noch die hohe Freude
den Schmerz in mir mit Leichtigkeit besiegen,
weil meine Hoffnung, blühend, ihn zerstreute:

sie ist dahin – und er ist mir geblieben,
seit Sie beschlossen haben, mir zum Leide,
nach Frankreich – Gott erbarme! – zu entfliegen.

CI

Con quai degne accoglienze o quai parole
raccorrò io il mio gradito amante,
che torna a me con tante glorie e tante,
quante in un sol non vide forse il sole?

Qual color or di rose, or di viole
fia 'l mio? qual cor or saldo ed or tremante,
condotta innanzi a quel divin sembiante,
ch'ardir e tèma insieme dar mi suole?

Osarò io con queste fide braccia
cingerli il caro collo, ed accostare
la mia tremante a la sua viva faccia?

Lassa, che pur a tanto ben penare
temo che 'l cor di gioia non si sfaccia:
chi l'ha provato se lo può pensare.

CI

Wer leiht mir Worte, die geeignet wären,
den Herzenslieben würdig zu empfangen?
Er kehrt zu mir zurück in Ruhm und Ehren –
wieviel nur konnte er davon erlangen!

Werd ich ihm strahlend oder blass erscheinen?
Erzittert mir das Herz, wird's triumphieren?
Werd ich vor seinem Götterantlitz weinen?
Werd ich frohlocken? taumeln? jubilieren?

Ob ich's mit meinen treuen Armen wage,
ihn zu umschlingen, ob ich meine Wange
an das geliebte Angesicht wohl lege?

Ich denk daran – und zittere und bange;
denn weiß ich, ob das Glück ich überlebe?
Wer es erfahren hat, weiß, was ich sage!

CIV

O notte, a me più chiara e più beata
che i più beati giorni ed i più chiari,
notte degna da' primi e da' più rari
ingegni esser, non pur da me, lodata;

tu de le gioie mie sola sei stata
fida ministra; tu tutti gli amari
de la mia vita hai fatto dolci e cari,
resomi in braccio lui che m'ha legata.

Sol mi mancò che non divenni allora
la fortunata Alcmena, a cui stè tanto
più de l'usato a ritornar l'aurora.

Pur così bene io non potrò mai tanto
dir di te, notte candida, ch'ancora
da la materia non sia vinto il canto.

CIV

O Nacht, für mich noch seliger und heller
als auch der seligste und hellste Tag,
dich preise, wer es kann, da ich es selber
nicht wie ein edler, hoher Geist vermag.

Du gabst mir viele Freuden und zerstreutest,
was mir an Bitterem das Leben gab,
du gabst mir *ihn* – o wie du mich erfreutest,
als damals er in meinen Armen lag.

Was immer ich bedauern muß, ist nur,
daß mir Alkmenes Glück nicht widerfuhr,
als sich der Morgen ihr nicht zeigen wollte.

Wie kann ich's nur, sag, helle Nacht, wie sollte
ich dich besingen können, daß mein Lied
Materie und Wirklichkeit besiegt?

CVI

O diletti d'amor dubbi e fugaci,
o speranza che s'alza e cade spesso,
e nasce e more in un momento istesso;
o poca fede, o poco lunghe paci!

Quegli, a cui dissi: – Tu solo mi piaci, –
è pur tornato, io l'ho pur sempre presso,
io pur mi specchio e mi compiaccio in esso,
e ne' begli occhi suoi chiari e vivaci;

e tuttavia nel cor mi rode un verme
di fredda gelosia, freddo timore
di tosto tosto senza lui vederme.

Rendi tu vana la mia tèma, Amore,
tu, che beata e lieta pòi tenerme,
conservandomi fido il mio signore.

CVI

Wie zweifelhaft und flüchtig ist die Liebe!
Die Hoffnung keimt – und wird sogleich erstickt:
sie lebt und stirbt in einem Augenblick;
wie kurz nur währt die Treue, währt der Friede!

Zwar ist der, dem ich sagte: „Du alleine
gefällst mir“, wieder da – und stets bei mir;
zwar spiegle ich in ihm mich – und verlier
mich ganz in seiner Augen hellem Scheine.

Und doch: an meinem Herzen nagt der Wurm
der kalten Eifersucht, der kalten Furcht,
mich bald, ja bald schon ohne ihn zu sehen.

Laß, Amor, dies nicht noch einmal geschehen,
mach, daß ich glücklich bleibe und vergnügt –
und daß mein Herr mich treu, mich treu nun liebt.

CXXIV

Signor, io so che 'n me non son più viva,
e veggo omai ch'ancor in voi son morta,
e l'alma, ch'io vi diedï non sopporta
che stia più meco vostra voglia schiva.

E questo pianto, che da me deriva,
non so chi 'l mova per l'usata porta,
né chi mova la mano e le sia scorta,
quando avien che di voi talvolta scriva.

Strano e fiero miracol veramente,
che altri sia viva, e non sia viva, e pèra,
e senta tutto e non senta niente;

sì che può dirsi la mia forma vera,
da chi ben mira a sì vario accidente,
un'imagine d'Eco e di Chimera.

CXXIV

Ich weiß es, daß in mir ich nicht mehr lebe,
und sehe, daß in Ihnen ich gestorben:
so steht der Seele – Ihre längst geworden – ,
Herr, Ihre spröde Lust nur noch im Wege.

Die Tränen nur, die der gewohnten Pforte
entströmen: – wer entreißt sie ihrer Bleibe?
Und wer, wenn ich von Ihnen manchmal schreibe,
lenkt mir die Hand und spendet mir die Worte?

Ein Wunder, seltsam-grausam, mag ich scheinen,
da ich doch leb – und doch nicht leb und sterbe,
und fühl – und doch nicht fühle und verderbe.

So mag wohl einer, der mich ansieht, meinen,
ich wechselhaftes Ungeheuer wäre
der Echo Bildnis, Bildnis der Chimäre.

CXXIX

O mia sventura, o mio perverso fato,
o sentenzia nemica del mio bene,
poi che senza mia colpa mi conviene
portar la pena de l'altrui peccato.

Quando si vide mai reo condannato
a la morte, a l'essilio, a le catene
per l'altrui fallo e, per maggior sue pene,
senza esser dal suo giudice ascoltato.

Io griderò, signor, tanto e sì forte,
che, se non li vorrete ascoltar voi,
udranno i gridi miei Amore o Morte;

e forse alcun pietoso dirà poi:
– Questa locò per sua contraria sorte
in troppo crudo luogo i pensier suoi.

CXXIX

O garstiges Geschick, perverses Los,
o ungerechter Urteilsspruch, wonach
für Sünden ich zu büßen habe, bloß
weil sie ein anderer: mein Herr verbrach.

Wann wurden schuldlos Angeklagte je
zum Tod verurteilt, ins Exil verbannt,
wann nur in Ketten – so wie ich – gelegt
und – schlimmer noch – befragungslos verdammt?

Zu Ihnen schrei ich, Herr, in meiner Not;
und hören Sie mich nicht, schrei ich so laut,
daß es die Liebe hört, wenn nicht der Tod.

Mag sein, daß dann ein Mitleidvoller sagt:
„Auf eine allzu harte Scholle hat
ihr Kartenhaus die Ärmste hingebaut."

CXXXIII

Così, senza aver vita, vivo in pene,
e, vivendo ov'è gioia, non son lieta;
così fra viva e morta Amor mi tiene,
e vita e morte ad un tempo mi vieta.

Tal la sua sorte a ognun nascendo viene,
tal fu il mio aspro e mio crudo pianeta;
di sì rio frutto in sitibonde arene,
senza mai sparger seme, avien ch'io mieta.

E s'io voglio per me stessa finire
con la vita i tormenti, non m'è dato,
ché senza vita un uom non può colpire.

Qual fine Amore e 'l ciel m'abbia serbato
io non so, lassa, e non posso ridire;
so ben ch'io sono in un misero stato.

CXXXIII

So lebe ich in Qual – und ohne Leben,
wo Freude herrscht, kann ich nicht fröhlich werden,
denn zwischen Tod und Leben muß ich schweben:
doch leben kann ich nicht und darf nicht sterben.

Ein jeder hat sein Schicksal – ich hab meines;
ein rauhes ist es, fern von Glück und Segen:
auf Feldern ernte ich, von denen keines
je einen Samen sah noch Tau und Regen.

Und will ich meiner Qual (und meinem Leben)
ein Ende setzen, ist's mir nicht gegeben:
denn wo kein Leben ist, gibt's nichts zu töten.

Doch Amor und der Himmel werden's können
und mir, der Sterbensmüden, Ruhe gönnen –
bis dahin lebe ich in Angst und Nöten.

CXL

O rive, o lidi, che già foste porto
de le dolci amorose mie fatiche,
mentre stavan con noi le luci amiche,
che sempre accese ne l'interno porto,

quanta mi deste già gioia e conforto,
tanto mi sète ad or ad or nemiche,
poi che 'l mio sol (lassa, convien che 'l diche!)
voi e me ha lasciato a sì gran torto.

Io cangerei con voi campagne e boschi
e colli e fiumi, là dove dimora
chi partendo lasciò gli occhi mei foschi,

e di tornar non fa pensier ancora,
non ostante, crudel, che ben conoschi
che, se sta molto, converrà ch'io mora.

CXL

O Ufer, Bäche, Wiesen, die ihr Hafen
all meiner süßen Liebesmühen wart,
solang uns noch die Lichter unsres Grafen
erheiterten (mein Herz hat sie bewahrt!),

wieviel nur gabt ihr mir an Trost und Freuden,
wie sehr seh ich als Feinde euch nun an,
da meine Sonne (kann's Geheimnis bleiben?)
uns, von uns scheidend, Unrecht angetan.

Ich gäb euch hin für Wälder, Flüsse, Berge,
für Feld und Hügel, wo nun jener weilt,
der, mich verlassend, mir den Blick getrübt –

und der zur Rückkehr sich noch nicht beeilt,
obschon er, grausam wie er ist, wohl sieht,
daß ich, wenn er nicht eiligst kommt, noch sterbe.

CXLV

Liete campagne, dolci colli ameni,
verdi prati, alte selve, erbose rive,
serrata valle, ov'or soggiorna e vive
chi può far i miei dì foschi e sereni,

antri d'ombre amorose e fresche pieni,
ove raggio di sol non è ch'arrive,
vaghi augei, chiari fiumi ed aure estive,
vezzose ninfe, Pan, fauni e sileni,

o rendetemi tosto il mio signore,
voi che l'avete, o fategli almen cónta
la mia pena e l'acerbo aspro dolore:

ditegli che la vita mia tramonta,
s'omai fra pochi giorni, anzi poch'ore
il suo raggio a quest'occhi non sormonta.

CXLV

Ihr Hügel, Wälder, Wiesen voller Pracht,
ihr lichten Ufer und du grünes Tal,
worin nun jener weilt, der mir aufs Mal
den Tag erhellt und wieder finster macht,

ihr schattenreichen Grotten nebenan,
in die kein Strahl der Sonne jemals fällt,
ihr Vöglein, Lüfte, Flüsse silberhell,
ihr Nymphen, Faune und Silenen, Pan,

o gebt sogleich mir meinen Herrn zurück,
wenn nicht, erstattet ihm sogleich Bericht
von meiner Pein, von meinem großen Schmerz,

und sagt ihm, es ersterbe mir das Herz,
wenn nicht gar bald, was heißen soll: sogleich,
sein Strahl dies Auge wiederum erreicht.

CXLVIII

Se 'l cielo ha qui di noi perpetua cura,
e partisce ad ognun, come conviene,
che maraviglia è, s'a me diede pene,
e mi diè vita dispietata e dura?

e se 'l mio sol di me poco si cura?
se mi vede morir e lo sostiene?
Ei vince il sol con sue luci serene,
illustre e bel per studio e per natura.

A lui convien regnare, a me servire,
vil donna e bassa; e parmi ancora troppo
ch'egli non sdegni il mio per lui patire.

Queste ragioni ed altre insieme aggroppo
meco talor, per dar tregua al martìre
col desir sempre presto e 'l poter zoppo.

CXLVIII

Wenn sich der Himmel um uns sorgt und kümmert
und jedem zugesteht, was ihm beschieden,
wen wundert's, wenn nur Qualen ich hienieden
und Elend seh – und wenn mein Herz verkümmert?

Wenn meine Sonne kaum sich zu mir wendet
und es erträgt zu sehn, wie ich verkomme?
Sein Ruhm erstrahlt; und heller als die Sonne
ist seine Schönheit – und sein Glanz: vollendet.

Ihm steht es an zu herrschen, mir: zu dienen;
ich bin nur eine Frau und darf mich rühmen,
wenn er es duldet, daß ich für ihn leide.

An solcherlei Gedankengängen weide
ich mich zuweilen, um mein Leid zu mindern,
allein ich brenne – und ich kann's nicht ändern.

CLI

Piangete, donne, e con voi pianga Amore,
poi che non piange lui, che m'ha ferita
sì, che l'alma farà tosto partita
da questo corpo tormentato fuore.

E, se mai da pietoso e gentil core
l'estrema voce altrui fu essaudita,
dapoi ch'io sarò morta e sepelita,
scrivete la cagion del mio dolore:

„Per amar molto ed esser poco amata
visse e morì infelice, ed or qui giace
la più fidel amante che sia stata.

Pregale, viator, riposo e pace,
ed impara da lei, sì mal trattata,
a non seguir un cor crudo e fugace."

CLI

Nun weint, ihr Frauen – und mit euch die Liebe,
denn er, der mich verwundete, weint nicht,
so daß die Seele, krank und sterbensmüde,
bald aus den Fesseln dieses Körpers bricht.

Doch von den Herzen, welche Mitleid haben,
erfülle eines meinen letzten Wunsch
und schreib, wenn ich gestorben und begraben,
auf meinen Grabstein meines Leidens Grund:

„Sie liebte, aber glücklos war ihr Lieben,
und glücklos war im Leben sie – im Tod;
hier liegt sie nun, die treueste der Frauen.

Bet, Wanderer, für ihren Seelenfrieden –
und lern aus ihrem Leid, aus ihrer Not,
dem rastlos-rauhen Herzen nicht zu trauen.“

CLIII

Se poteste, signor, con l'occhio interno
penetrar i segreti del mio core,
come vedete queste ombre di fuore
apertamente con questo occhio esterno,

vi vedreste le pene de l'inferno,
un abisso infinito di dolore,
quanta mai gelosia, quanto timore
Amor ha dato o può dar in eterno.

E vedreste voi stesso seder donno
in mezzo a l'alma, cui tanti tormenti
non han potuto mai cavarvi, o ponno;

e tutti altri disir vedreste spenti,
od oppressi da grave ed alto sonno,
e sol quei d'aver voi desti ed ardenti.

CLIII

Geläng es Ihnen, mit dem innern Auge
mein Herz in seinem Innern zu erspähen,
genau so wie mit Ihrem äußern Auge
Sie diese äußerlichen Schatten sehen,

Sie sähen es in einen Schlund verwandelt –
und darin Höllenqualen ohne Ende,
denn endlos quält mich Amor und behandelt
mich so, daß ich nur Angst und Marter kenne.

Und, Herr, Sie sähen sich dort selber prangen,
denn meiner Seele ist es nie gelungen,
und es gelingt ihr nie, Sie zu vertreiben,

und Sie erspähten dort nur *ein* Verlangen,
das nicht erloschen wäre, nicht bezwungen:
daß Sie mir nahe sind und daß Sie's bleiben.

CLIV

Straziami, Amor, se sai, dammi tormento,
tommi pur lui, che vorrei sempre presso,
tommi pur, crudo e disleal, con esso
ogni mia pace ed ogni mio contento,

fammi pur mesta e lieta in un momento,
dammi più morti con un colpo stesso,
fammi essempio infelice del mio sesso,
che per ciò di seguirti non mi pento.

Perché, volgendo a quei lumi il pensiero,
che vicini e lontani mi son scorta
per l'aspro, periglioso tuo sentiero,

move da lor virtù, che 'l cor conforta
sì che, quanto più sei crudele e fiero,
tanto più facilmente ei ti comporta.

CLIV

Reiß, Liebe, mich in Stücke und zerfetz mich,
nimm mir auch den, dem ich mich ganz verschrieben,
nimm mir mit ihm, du Gnadenlose, letztlich
was mir an Glück und Friede noch geblieben.

Mach mich mit einem Schlage krank und selig,
laß tausend Tode mich aufs Mal erfahren,
laß mich des Jammers Vorbild sein auf ewig –
dir will die Treue trotzdem ich bewahren.

Denn such im Sinn ich jene Lichter wieder,
die mir auf deinen wechselhaften Wegen
geschienen haben, ist's, als käme Segen,

als kämen Trost und Frohsinn auf mich nieder;
ja, deine Grausamkeit – wie soll ich's sagen? –
gibt mir die Kraft, dich besser zu ertragen.

CLVIII

Deh lasciate, signor, le maggior cure
d'ir procacciando in questa età fiorita
con fatiche e periglio de la vita
alti pregi, alti onori, alte venture;

e in questi colli, in queste alme e sicure
valli e campagne, dove Amor n'invita,
viviamo insieme vita alma e gradita,
fin che 'l sol de' nostr'occhi alfin s'oscure.

Perché tante fatiche e tanti stenti
fan la vita più dura, e tanti onori
restan per morte poi subito spenti.

Qui coglieremo a tempo e rose e fiori,
ed erbe e frutti, e con dolci concenti
canterem con gli uccelli i nostri amori.

CLVIII

Vergessen Sie, mein Herr, all Ihre Sorgen!
Was kümmern in der Blüte Ihrer Jugend
Sie Ehre, Ruhm, Gefahr und Heldentugend –
und was ein glanz- und würdevolles Morgen?

Inmitten dieser Hügel, Wiesen, Weiden
wo Amor uns beschützt, laß uns verweilen
und uns ein segensreiches Schicksal teilen,
bis daß es gilt, von dieser Welt zu scheiden.

Warum das Leben ohne Not erschweren,
um Ehre kämpfen und um Würde ringen?
Beim Tod ist's aus mit Würden und mit Ehren!

Hier werden Rosen wir und Blumen pflücken,
an Früchten, Beeren, Säften uns erquicken
und mit den Vögeln unser Glück besingen.

CLXXVIII

Perché mi sii, signor, crudo e selvaggio,
disdegnoso, inumano ed inclemente,
perché abbi vòlto altrove ultimamente
spirto, pensieri, cor, anima e raggio,

non per questo adivien che 'l foco, ch'aggio
nel petto acceso, si spenga o s'allente;
anzi si fa più vivo e più cocente,
quant'ha da te più strazi e fiero oltraggio.

Ché, s'io t'amassi come l'altre fanno,
t'amerei solo e seguirei fin tanto
ch'io ne sentissi utile, e non danno;

ma per ciò ch'amo te, amo quel santo
lume, che gli occhi miei visto prima hanno,
convien ch'io t'ami a l'allegrezza e al pianto.

CLXXVIII

Obschon du grausam bist (und ich mich quäle!),
unmenschlich, rauh und hart – und selbst nicht leidest,
ja: mit Gedanken, Herz und Geist und Seele
in anderen Gefilden, Herr, nun weidest,

muß meine Flamme immer weiter brennen,
wird nie erlöschen – oder auch nur schwelen;
nein, sie wird heller, heißer mich versengen,
je mehr es dir zur Lust wird, mich zu quälen.

Doch: würd ich dich so wie die andern lieben,
die darin Nutzen nur ins Auge fassen –
beim ersten Schaden hätt ich dich verlassen;

doch da dein heilig Licht in mir geblieben,
wo's immer leuchten wird – und nie verblassen,
muß ich in Glück und Ungemach dich lieben.

CLXXIX

Meraviglia non è, se 'n uno istante
ritraeste da me pensieri e voglie,
ché vi venne cagion di prender moglie,
e divenir marito, ov'eri amante.

Nodo e fé, che non è stretto e costante,
per picciola cagion si rompe e scioglie:
la mia fede e 'l mio nodo il vanto toglie
al nodo gordiano ed al diamante.

Però non fia giamai che scioglia questo
e rompa quella, se non cruda morte,
la qual prego, signor, che venga presto;

sì ch'io non vegga con le luci scorte
quello ch'or col pensier atro e funesto
mi fa veder la mia spietata sorte.

CLXXIX

Was Wunder, wenn in einem Augenblick
Ihr Aug und Ihre Lust Sie von mir nehmen
und bald – wer weiß? – als Ehemann, und nicht
als Liebster mehr, zu leben sich bequemen.

Denn Knoten reißen gerne – und das Band
der Treue wird gefestigt stets aufs Neue:
mein Knoten ist dem gordischen verwandt –
und wie ein Diamant ist meine Treue.

Denn diesen brechen, jenen lösen kann
der rauhe Tod nur – und ich fleh ihn an,
daß er mir, Herr, auf schnellstem Weg erscheine,

damit ich niemals seh, was mich durch meine
Gedanken, düster, unheilschwanger, trist,
mein finsteres Geschick schon sehen läßt.

CLXXX

Certo fate gran torto a la mia fede,
conte, sovra ogni fé candida e pura,
a dir che ’n Francia è più salda e più dura
la fé di quelle donne a chi lor crede.

Se, come Amor ch’i pensier dentro vede,
e passa ov’occhio uman non s’assicura,
penetraste anco voi per mia ventura
ove l’imagin vostra altera siede,

voi la vedreste salda come scoglio,
immobilmente appresso del mio core,
e diporreste meco il vostro orgoglio.

Ma voi vedete sol quel ch’appar fuore;
per questo io resto, misera, uno scoglio,
e voi credete poco al mio dolore.

CLXXX

Sie tun ein großes Unrecht meiner Treue,
die unumstößlich ist und hell und rein:
die Frauen Frankreichs würden – Sie beteuern's –
uns in der Liebe überlegen sein.

Wenn, so wie Amor, der Gedanken liest
und dorthin dringt, wohin wir nie gelangen,
Sie in mich dringen könnten, sähen Sie
Ihr Standbild voller Würde vor sich prangen;

Sie sähen's unbeweglich, felsenfest
an meinem Herzen ruhn – und Sie begännen
sich alsogleich von Ihrem Stolz zu trennen.

Doch halten Sie nur Äußerliches fest:
so bleibe ich ein Fels in Ihren Augen –
und meinem Kummer wollen Sie nicht glauben.

CXCII

Amor, lo stato tuo è proprio quale
è una ruota, che mai sempre gira,
e chi v'è suso or canta ed or sospira,
e senza mai fermarsi or scende or sale.

Or ti chiama fedele, or disleale;
or fa pace con teco, ed or s'adira;
ora ti si dà in preda, or si ritira;
or nel ben teme, ed or spera nel male;

or s'alza al cielo, or cade ne l'inferno;
or è lunge dal lido, or giunge in porto;
or trema a mezza state, or suda il verno.

Io, lassa me, nel mio maggior conforto
sono assalita d'un sospetto interno,
che mi tien sempre il cor fra vivo e morto.

CXCII

Dein Status, Liebe, ist der eines Rades,
das immer rollt, und wer's besteigt, der dreht
sich stets mit ihm – ins Paradies, zum Hades,
und singt und jubelt – oder seufzt und fleht.

Er nennt dich treu – und wiederum: verlogen;
er will den Frieden – aber sucht den Zwist;
er gibt sich dir – und hat dich gleich betrogen,
will glücklich sein und fürchtet, daß er's ist;

er strebt nach Rettung – macht, daß er verdirbt;
ist nahe bald – bald fern in aller Welt;
im Winter ist ihm heiß und kalt im Sommer.

Je mehr mein armes Herz frohlockt, befällt
es ein Verdacht, verzehrt es sich vor Kummer,
so daß es einmal lebt und einmal stirbt.

CXCIX

Signor, ite felice ove 'l disio
ad or ad or più chiaro vi richiama
a far volar al ciel la vostra fama,
secura da la morte e da l'oblio;

ricordatevi sol come rest'io,
solinga tortorella in secca rama,
che senza lui, che sol sospira e brama,
fugge ogni verde pianta e chiaro rio.

Al mio cor fate cara compagnia,
il vostro ad altra donna non donate,
poi che a me sì fedel nol deste pria.

Sopra tutto tornar vi ricordate,
e, s'avien che fia quando estinta io sia,
de la mia rara fé non vi scordate.

CXCIX

Herr, gehen Sie nun frohgemut dorthin,
wohin Ihr hoher Wunsch Sie führen mag,
auf daß Ihr Ruhm bis in den Himmel rag
und keinen Tod und kein Vergessen kenn;

erinnern Sie sich nur, wie ich nun bleib,
einsames Täubchen auf verdorrtem Ast,
das sich nach ihm nur sehnt und seufzt – und das
das klare Wasser flieht, den grünen Zweig.

Und geben meinem Herzen Sie Geleit,
das Ihre reichen keiner Frau Sie dar,
da's mir, der Treuen, unerreichbar war.

Vor allem aber kommen Sie zurück,
und wenn dann schon vollendet mein Geschick,
sei meine Treue es, die Ihnen bleib.

CCII

Poi che per mio destin volgeste in parte
piedi e voler, onde perdei la spene
di riveder più mai quelle serene
luci, c'ho già lodate in tante carte,

io mi volsi al gran Sole, e con quell'arte
e quella luce, che da lui sol viene,
trassi fuor da le sirti e da l'arene
il legno mio per via di remi e sarte.

La ragion fu le sarte, e i remi fûro
la volontà, che a l'ira ed a l'orgoglio
d'Amor si fece poi argine e muro.

Così, senza temer di dar in scoglio,
mi vivo in porto omai queto e sicuro;
d'un sol mi lodo, e di nessun mi doglio.

CCII

Da Sie in andre Lande sich begaben
und ich die Hoffnung, Ihre hellen Lichter,
die ich so hochgelobt wie nie ein Dichter,
noch einmal sehn zu können, ganz begraben,

hab meinen Blick zur Sonne ich gerichtet,
der mächtigen, nur aus sich selber hellen,
und meinen Nachen aus den seichten Stellen
herausgeführt und Dämme aufgerichtet,

um Amors Zorn zu bannen, zu bestrafen;
Vernunft hat mich geführt und Willensstärke:
mit Tau und Ruder gingen wir zu Werke.

So sitz ich ungefährdet nun im Hafen,
mit mir und meinem Schicksal wieder einig;
nur einen lob ich – und um keinen wein ich.

CCVII

Poi che m'hai resa, Amor, la libertade,
mantiemmi in questo dolce e lieto stato,
sì che 'l mio cor sia mio, sì come è stato
ne la mia prima giovenil etade;

o, se pur vuoi che dietro a le tue strade,
amando, segua il mio costume usato,
fa' ch'io arda di foco più temprato,
e che, s'io ardo, altrui n'abbia pietade;

perché mi par veder, a certi segni,
che ordisci novi lacci e nove faci,
e di ritrarmi al giogo tuo t'ingegni.

Serbami, Amor, in queste brevi paci,
Amor, che contra me superbo regni,
Amor, che nel mio mal sol ti compiaci.

CCVII

Da du die Freiheit mir zurückgegeben,
gönn, Liebe, mir noch lange ihre Wonnen;
mein Herz ist wieder so, wie ich's bekommen,
nur mir gehört es – mir nur Glück und Leben.

Doch willst du wieder, daß ich Glut empfinde
und, liebend, deine Allmacht anerkenne,
mach, daß mein Feuer nicht so heiß entbrenne,
und, wenn ich brenne, daß ich Mitleid finde.

Mir ist, du lockst mich wieder, stellst mir Fallen,
ich sehe Zeichen und mir scheint, du kündest
von fern: „Dich werd ich noch einmal besiegen."

O laß mir, Liebe, diesen kurzen Frieden,
du herrschst mit Hochmut gegen mich und findest
in meinem Schmerz nur, Liebe, dein Gefallen.

CCVIII

Amor m'ha fatto tal ch'io vivo in foco,
qual nova salamandra al mondo, e quale
l'altro di lei non men stranio animale,
che vive e spira nel medesmo loco.

Le mie delizie son tutte e 'l mio gioco
viver ardendo e non sentire il male,
e non curar ch'ei che m'induce a tale
abbia di me pietà molto né poco.

A pena era anche estinto il primo ardore,
che accese l'altro Amore, a quel ch'io sento
fin qui per prova, più vivo e maggiore.

Ed io d'arder amando non mi pento,
pur che chi m'ha di novo tolto il core
resti de l'arder mio pago e contento.

CCVIII

Die Liebe wollte es, daß ich in Glut,
in Feuer wie der Salamander lebe
und mich, wie jenes andre Tier es tut,
am Ort, wo ich verglüh, nochmals erhebe.

Ich weiß nur eine Freude, nur ein Spiel:
zu brennen und den Schmerz nicht zu empfinden,
mag jener, der mich dazu führt, nun viel,
mag er nun wenig Mitleid für mich finden.

Kaum war die erste Glut erstickt, da hat
mich Amor gleich zu neuer Glut entfacht,
und heißer brenne ich an dieser neuen.

Doch kann ich dieses Brennen nicht bereuen,
solang es der, der mich dazu gebracht,
versteht und seine Freude daran hat.

CCXXI

A mezzo il mare, ch'io varcai tre anni
fra dubbi venti, ed era quasi in porto,
m'ha ricondotta Amor, che a sì gran torto
è ne' travagli miei pronto e ne' danni;

e per doppiare a' miei disiri i vanni
un sì chiaro oriente agli occhi ha pòrto,
che, rimirando lui, prendo conforto,
e par che manco il travagliar m'affanni.

Un foco eguale al primo foco io sento,
e, se in sì poco spazio questo è tale,
che de l'altro non sia maggior, pavento.

Ma che poss'io, se m'è l'arder fatale,
se volontariamente andar consento
d'un foco in altro, e d'un in altro male?

CCXXI

Aufs Meer, das ich bei wechselhaftem Wind
drei Jahre lang befuhr, hat Amor mich
– der Hafen, den ich anlief, war in Sicht –
zurückgeführt mit List und pfeilgeschwind;

und, daß mein Wünschen nicht zu vage bleib,
hat er vor Augen mir ein Ziel gestellt,
daß, wenn ich's schaue, sich mein Geist erhellt,
die Qual ich wieder lieb und zu ihm treib.

Ich spüre Glut, und denke ich zurück
an meine erste Glut, befürcht ich, daß
sie, da im Flug, mich stärker noch erfaßt.

Was kann ich tun, da Brennen mein Geschick –
und da aus freien Stücken ich bereit,
von Glut zu Glut zu gehn, von Leid zu Leid?

CCLXXXIII

S'io non avessi al cor già fatto un callo
e patteggiato dentro col pensiero
non dar più luogo al despietato arciero,
mal trattata da lui quanto egli sallo;

di farmi entrar ne l'amoroso ballo
novamente, e più crudo che 'l primiero,
per farmi uscir dal mio preso sentiero,
e commetter del primo un maggior fallo,

avrian forza i vostr'occhi e quel cortese
atto e tante altre grazie e la beltade,
onde natura a farsi onor intese.

Ma, per aver di me giusta pietade,
tanto ho di voi, non più, le voglie accese,
quanto permette onor et onestade.

CCLXXXIII

Erhärteten mein Herz noch keine Schwielen
und wär ich nicht entschlossen in Gedanken,
vor Amors Pfeilen nimmermehr zu wanken
(der Mitleidlose traf mich schon mit vielen!)

und (noch viel grimmiger würd er mich quälen)
das Rad der Liebe nimmer zu besteigen
und so vom Weg der Einsicht abzuzweigen
und schlimmer als das erste Mal zu fehlen,

so hätten Ihre allerschönsten Augen
und all die Reize, die den Schöpfer ehren,
noch immer Kraft genug mich aufzuwühlen.

Doch Mitgefühl für mich wird mir verwehren
für Sie zu brennen – für Sie *mehr* zu fühlen,
als Ehrgefühl und Ehre es erlauben.

CCCIV

Di queste tenebrose e fiere voglie,
ch'io drizzai ad amar cosa mortale,
seguendo il van disio fallace e frale,
che sì rio frutto di sue opre coglie,

s'avien che la tua grazia non mi spoglie,
poi che per me la mia forza non vale,
temo che l'aversario empio infernale
non riporti di me l'amate spoglie.

Dolce Signor, che sei venuto in terra,
ed hai presa per me terrena vesta
per combatter e vincer questa guerra,

dammi lo scudo di tua grazia, e desta
in me virtù, sì ch'io getti per terra
ogni affetto terren, che mi molesta.

CCCIV

Von diesem schattenhaften, stolzen Willen,
der mich veranlaßt, Sterbliches zu lieben
und jenem eitlen Wünschen zu erliegen,
das böse Frucht erzeugt, wenn wir es stillen,

von ihm befreie mich durch Deine Gnade,
durch meine Kraft würd es mir nie gelingen,
damit Dein Gegner nicht den Sieg erringe
und mit sich nehme, was ich dann noch habe.

Gewähre, lieber Herr, der Du auf Erden
erschienen bist, um für mich Mensch zu werden,
um diesen Krieg zu führen, zu gewinnen,

mir Deinen Schutz: gib, daß ich in mich kehre
und das verwerfe und all jenem wehre,
was meine Sinne nun als Last empfinden.

CCCV

Quelle piaghe profonde e l'acqua e 'l sangue,
che nel tuo corpo glorioso io veggio,
Signor, che, sceso dal celeste seggio,
per vita al mondo dar restasti essangue,

che nel mio cor, che del fallir suo langue,
vogli imprimer omai per grazia chieggio,
sì ch'al fin del viaggio, che far deggio,
non trionfi di me l'inimico angue.

Scancella queste piaghe d'amor vano,
che m'hanno quasi già condotta a morte,
pur rimirando un bel sembiante umano.

Aprimi omai del regno tuo le porte,
e per salir a lui dammi la mano;
perché a ciò far non giovano altre scorte.

CCCV

Präg, Herr, der Du, zum Opfertod bereit,
herniederstiegst aus lichter Himmelshöh,
das Blut, die tiefen Wunden, die ich seh
auf Deinem ruhmreich-gloriosen Leib

mir tief ins Herz, das seine Schuld bereut;
gewähr mir diese Gnade, daß am End
der wechselhaften Reise nicht der Feind:
die Schlange sich an meinem Tod erfreut.

Heil diese Wunden meiner Eitelkeit;
sie brachte – liebend – mich dem Tode nah,
auch wenn ich nur ein schönes Antlitz sah.

Zeig mir den Weg ins Himmelreich – und gib
mir Deine Hand, denn für den letzten Weg
brauch außer Dir ich keinerlei Geleit.

CCCXI

Mesta e pentita de' miei gravi errori
e del mio vaneggiar tanto e sì lieve,
e d'aver speso questo tempo breve
de la vita fugace in vani amori,

a te, Signor, ch'intenerisci i cori,
e rendi calda la gelata neve,
e fai soave ogn'aspro peso e greve
a chiunque accendi di tuoi santi ardori,

ricorro, e prego che mi porghi mano
a trarmi fuor del pelago, onde uscire,
s'io tentassi da me, sarebbe vano.

Tu volesti per noi, Signor, morire,
tu ricomprasti tutto il seme umano;
dolce Signor, non mi lasciar perire!

CCCXI

In Reue über all mein schweres Irren,
über mein Treiben, nichtig und vergebens,
betrübt, daß ich die beste Zeit des Lebens
vergeudete in eitlen Liebeswirren,

tret ich vor Dich, mein Herr, der Du die Herzen
erweichen läßt, daß sie wie Gletscher tauen,
und jenen, die auf Deine Macht vertrauen,
das Leid erträglich machst und süß die Schmerzen;

vor Dich nun tret ich, Herr, und will Dich bitten
– versuchte ich's allein, ich würd verderben – ,
mich aus dem Meeresstrudel zu erretten.

Du warst bereit, mein Herr, für uns zu sterben,
uns freizukaufen – laß es nicht geschehen:
laß, lieber Herr, mich nicht zugrunde gehen!

Vittore Carpaccio
Der Löwe des hl. Markus, 1516 (Bildausschnitt)

Gaspara Stampa im Dialog mit dem Petrarkismus

Zahlreiche Vermutungen und Legenden sind mit der Figur Gaspara Stampas verbunden. Von ihren Zeitgenossen verehrt – Benedetto Varchi bezeichnet sie als die „Sappho unserer Tage“ –, wurde sie von den Romantikern zur treu ergebenen und zuletzt schmählich verlassenen Geliebten stilisiert. 1838 widmet der Venezianer Luigi Carrer ihrer unglücklichen Liebe einen Briefroman und entwirft darin ein imaginäres Porträt der Dichterin.[1] Nicht weniger romanesk ist die Novelle *Gaspara Stampa* (1830) von Diodata Saluzzo Roero: Hier steht der Liebesverrat im Zentrum, der Gasparas Tod zur Folge hat.[2] In seinem Roman *Das Feuer* (1900) läßt Gabriele D'Annunzio die Foscarina in einer romantischen Tragödie namens *Gaspara Stampa* auftreten, indes der Held, Stelio Effrena, sich im Vers der Dichterin „Viver ardendo e non sentire il male“ (CCVIII) wiedererkennt.[3] Rainer Maria Rilke erhebt die Stampa in der *Ersten Duineser Elegie* zum „gesteigerten Beispiel“ aller selbstlos Liebenden, nachdem er sie in den *Aufzeichnungen des Malte Laurids Brigge* mit Héloise, Louise Labé und der portugiesischen Nonne verglichen hat.[4] Die dem Positivismus verpflichtete Forschung des frühen 20. Jahrhunderts hat hingegen zu beweisen versucht, daß Gaspara Stampa als Kurtisane gelebt habe.[5] Diese – mit Vorbehalten – heute allgemein akzeptierte These wird seitens der Frauenforschung neuerdings wieder hinterfragt.[6] Ein abschließendes Urteil auszusprechen fällt dem Literaturhistoriker schon deshalb nicht leicht, weil die überlieferten Dokumente weder die eine noch die andere Interpretation mit letzter Sicherheit bestätigen. Nicht einmal das Werk selbst bietet für die Echtheit der dargestellten Gefühle Gewähr, da der Petrarkismus die Literarisierung subjektiver Empfindungen voraussetzt und in der formbewußten Aussage den alleingültigen Qualitätsbeweis erkennt.

Gaspara Stampa wird 1523 als Tochter eines Juweliers in der Universitätsstadt Padua geboren. Trotz ihrer bürgerlichen Herkunft kommt sie – zusammen mit ihren Geschwistern Cassandra und Baldassarre – in den Genuß einer vielseitigen Bildung, zu der neben den humanistischen Fächern Latein, Griechisch und Philosophie auch Dichtkunst, Musik und Tanz gehören. Nach dem Tod des Vaters übersiedelt die Familie nach Venedig, wo Mutter Cecilia Wert darauf legt, daß die künstlerische Ausbildung der beiden Töchter fortgesetzt wird. Das Haus der Stampa wird zum Treffpunkt junger Adliger, unter denen sich auch bekannte

Literaten – so Sperone Speroni, Girolamo Parabosco, Pietro Aretino, Ortensio Lando und Torquato Bembo – befinden. Schnell verbreitet sich der Ruf der jungen Künstlerin, die durch Intelligenz, Schönheit und musikalisches Talent bald alle andern Frauen der Stadt an Berühmtheit überragt. Vor allem ihre schöne Stimme wird gelobt, und wenn sie Petrarcas unvergleichliche Verse zur Laute vorträgt, liegen ihr die Dichter Venedigs zu Füßen. Es scheint, als hätten ihr die Eltern die Laufbahn einer „virtuosa", einer professionellen Musikerin, zugedacht. Für eine unverheiratete Frau war dieser Weg jedoch mit großen Risiken verbunden. Als 1544 ihr jüngerer Bruder Baldassarre stirbt, gerät Gasparina erstmals in eine schwere Lebenskrise. Ihre Tante Angela Paola de' Negri, Nonne in einem Mailänder Kloster, empfiehlt ihr, den weltlichen Genüssen zu entsagen. Mahnende Worte kommen auch von Francesco Sansovino, der Gaspara auffordert, sich im Angedenken an ihren Bruder den Verführungsversuchen der Männer zu entziehen. Inwieweit solche Ermahnungen damals schon berechtigt waren, ist heute schwer auszumachen. Eines ist sicher: Gaspara entscheidet sich gegen das Kloster und für die glanzvolle Welt der venezianischen Salons.

Kurz vor dem Weihnachtsfest des Jahres 1548 kommt es im *ridotto* des Mäzens Domenico Venier zu einer schicksalhaften Begegnung: Gaspara trifft den jungen Grafen von Treviso, Collaltino di Collalto, der sie bewundert und ihre künstlerischen Interessen teilt. Zwischen den beiden entwickelt sich eine Liebesbeziehung, die von nun an Gasparas ganzen Lebensinhalt bilden wird. Das Verhältnis mit dem Grafen ist jedoch schon aus gesellschaftlichen Gründen von Anfang an gefährdet. Der Sechsundzwanzigjährige steht im Diplomaten- und Kriegsdienst der Republik und muß die Geliebte bald verlassen. Er wird für ein halbes Jahr nach Frankreich beordert, wo er an der Seite Heinrichs II. an der Belagerung von Boulogne-sur-Mer teilnimmt. In der *Accademia dei Dubbiosi*, wo Gaspara inzwischen als Dichterin auftritt, legt sie sich das Pseudonym „Anassilla" zu – eine Anspielung auf die am Fluß Piave (lat. Anaxum) gelegenen Besitzungen der Collalto. Nach Collaltinos Rückkehr aus Frankreich nehmen beide die Verbindung wieder auf, doch stellt sich dieser ein neues Hindernis entgegen: Der Graf hegt Heiratspläne, denn für ihn war die Künstlerin nie eine ernsthaft zu erwägende Partie gewesen. Gaspara übersendet ihm ihre Gedichte mit einem Begleitschreiben; als dieses ohne Antwort bleibt, beginnt sie zu begreifen, daß sie für Collaltino nicht viel mehr als ein Zeitvertreib war. Die Folge ist ein Nervenzusammenbruch, von dem sie sich nie mehr ganz erholen wird. Die restliche Zeit ihres Lebens wird von der neuen Beziehung zu Bartolomeo Zen bestimmt, dem ihre letzten *Rime d'amore* gewidmet sind. Nachdem sich ihr Gesundheitszustand weiter verschlechtert hat, stirbt sie – einunddreißigjährig – am 23. April 1554. Die romantische Legende, sie sei vor Gram über die Heirat Collaltinos mit Giulia Torelli gestorben – man munkelte auch von einem Tod durch Gift – wird durch die Chronologie der Ereignisse widerlegt: Die Heirat zwischen dem Grafen und Giulia findet erst drei Jahre nach dem Tod Gasparas statt. Inzwischen hat ihre Schwester Cassandra den *Canzoniere* mit einer Widmung an Monsignor Giovanni Della Casa versehen und 1554 veröffentlicht.[7] Diese Ausgabe wird über beinahe zwei Jahrhunderte hinweg die einzig verfügbare bleiben. Zwei weitere Werkausgaben aus den Jahren 1738 und 1877 stützen sich auf den Erstdruck, bevor 1913 die erste kritische Edition von Abdelkader Salza erscheint, die sich wiederum strikt an den Text von 1554 hält und den Gedichten Gaspara Stampas jene Veronica Francos zur Seite stellt. Das Gesamtwerk der Stampa ist in zwei Teile gegliedert: 245 Sonette, Madrigale, Kanzonen und Capitoli bilden die *Rime d'amore*, 66 weitere Texte die *Rime varie*.

Die Frage, wie Gaspara Stampas gesellschaftliche Stellung beurteilt werden soll, beschäftigt die Literaturhistoriker noch immer. War sie wirklich die zu Unrecht verstoßene, in ihren tiefsten Gefühlen verletzte Liebende oder glich ihre Lebensführung nicht doch der einer *cortigiana onesta*? Die These

Salzas, der letzteres anhand einer aufwendigen Dokumentensammlung zu beweisen suchte, ist bis heute nicht widerlegt worden. Als Gegenargument wird die Tatsache angeführt, daß der Name der Dichterin auf keiner der uns überlieferten Listen städtischer Kurtisanen verzeichnet ist.[8] In einer Stadt wie Venedig, die durch ihre Freizügigkeit bekannt war, lebte Gaspara Stampa als unverheiratete Frau, die Beziehungen zu mehreren Männern unterhielt und sich dazu auch öffentlich bekannte. Trotzdem entspricht ihre Lebensweise in vielem nicht der einer Kurtisane: In Anbetracht ihrer starken Persönlichkeit erscheint ihr Leben vielmehr als einzigartiges Beispiel einer der Kunst verpflichteten weiblichen Existenz.

Auch ihr petrarkistischer Gedichtzyklus weist einige Besonderheiten auf. Sicher hatte Gaspara Stampa beim Komponieren – neben Petrarcas *Canzoniere* – die zeitgenössischen Beispiele Pietro Bembos (1530) und Vittoria Colonnas (1538) vor Augen. Doch gerade die dem Hochadel entstammende, Frömmigkeit und Sittenstrenge verkörpernde Vittoria Colonna hatte Dichterlorbeer nur dank ihrer Sonette auf den verstorbenen Gatten erlangt. Ihren größten Erfolg verdankte sie zudem geistlichen Versen, den 1546 erschienenen *Rime spirituali.* Gaspara hingegen schreibt über eine gelebte, körperlich erfüllte Liebesbeziehung. Sie selber ist die Werbende, die den wankelmütigen Grafen an sich binden will. An die Stelle tugendhafter Unnahbarkeit, wie sie Petrarcas Laura symbolisierte, treten hier gesellschaftliche Schranken. Die Geliebte wird zur werbenden Frau, der sozial höher stehende Mann läßt sich umwerben. Dieser doppelte Rollenwechsel beeinflußt, wie Elisabeth Schulze-Witzenrath gezeigt hat, die Entwicklung des Liebesverhältnisses, das zeitweise „entpetrarkisiert" wird.[9] Denn anders als bei der Angebeteten, die, um ihre Stellung zu bewahren, unerreichbar bleiben muß, gelten für den Mann keine festen Regeln. Er kann, sofern es seine Verpflichtungen erlauben, dem Liebesverlangen der Frau durchaus entsprechen. So verschiebt Collalto auf Drängen Gasparas seine Abreise nach Frankreich, worauf ihn diese wiederum – nun aber vergeblich – um Aufschub bittet. Erst durch seine längere Abwesenheit wird die Liebende wieder in die petrarkistische Rolle der sehnsüchtig Wartenden verwiesen.

Die oft geäußerte Behauptung, Gaspara Stampas Petrarkismus sei nur deshalb so einzigartig, weil sie ihren Petrarca nicht richtig verstanden habe, kann in dieser Form nicht aufrechterhalten werden.[10] Zum einen muß betont werden, daß sämtliche Dichter des Cinquecento Petrarca „mißverstehen", d.h. seiner Lyrik Aspekte abgewinnen, die in späteren Epochen als weniger zentral empfunden werden. Zum andern darf die Tragweite der von Gaspara Stampa am petrarkistischen Regelkanon vorgenommenen Änderungen nicht unterschätzt werden. In Anlehnung an Pietro Bembo, der selber Gedichte im Stile Petrarcas verfaßt und 1501 einen viel beachteten Neudruck des *Canzoniere* herausgibt, betrachtet die höfische Gesellschaft des frühen Cinquecento die Dichtung Petrarcas aus einer vorwiegend neoplatonischen Perspektive. Es gilt, spontan erlebte Leidenschaft aus der Distanz der Erinnerung zu betrachten und sie in einer sprachlich geläuterten, durch Petrarca schon vorgezeichneten Form darzustellen. Extremer Subjektivismus, wie er leidenschaftlichen Gefühlsäußerungen oftmals eignet, soll auf diese Weise vermindert und durch ästhetische Sublimierung überwunden werden. In dem Maße, wie Dichtung nicht mehr von subjektiven, sondern von allgemein menschlichen Erfahrungen handelt, wird sie nachvollziehbar. Sie kann sogar – wo Schuld durch Reue aufgewogen wird – eine aus christlicher Sicht vertretbare Exempel-Funktion übernehmen, so daß ihrer gesellschaftlichen Akzeptanz nichts mehr im Wege steht.

Eine weitere Besonderheit des damals geltenden Petrarcabildes liegt in der Betonung des biographischen Gehalts der Dichtung. Man pilgert im Cinquecento nach Avignon zum Grab der Laura de Sade und versteht die Lyrik des *Canzoniere* zunehmend aus einer historischen Perspektive. Was einst von Petrarca als Poesie der Einbildungskraft verstanden wurde und deshalb nach einer semantisch „entgrenzten" Sprache (Hugo

Friedrich) verlangte, erhält auf einmal einen direkten Wirklichkeitsbezug, wie ihn nun auch die meisten Poetiken des Cinquecento voraussetzen.

Obschon im gleichen geistigen Klima groß geworden, ist Gaspara Stampa weniger als andere Petrarkisten ihrer Zeit vom Neoplatonismus geprägt. Am Wirklichkeitsbezug ihrer Dichtung läßt sie indes keine Zweifel aufkommen. Dieses referentielle Dichtungsverständnis vertrug sich aber schlecht mit der petrarkistischen Ästhetik, und tatsächlich verweigert die Stampa den Weisungen Bembos ihre Gefolgschaft. In ihren *Rime* spricht sie eher von Gefühlen und Gefühlsausbrüchen als von vergeistigten Erfahrungen. Zwar hält sie sich äußerlich – hinsichtlich der Gestaltung ihres Gedichtzyklus – an das Vorbild Petrarcas, in der Substanz hingegen geht sie eigene Wege.

Anhand des Proömialsonetts wollen wir nun ihr Verhältnis zu Petrarca und auch zu Bembo näher untersuchen. Petrarcas Eröffnungsgedicht entstand um 1348: Das Entstehungsjahr belegt, daß der Dichter seine Liebeslyrik noch ein Vierteljahrhundert lang im gleichen Stil weiterpflegte und sich ihrer keineswegs schämen sollte. Dennoch wird es im Cinquecento als Ausdruck der Reue interpretiert, wobei dem Werk zugestanden wird, daß es durch seine sprachliche Vollkommenheit die Irrungen der Jugend kompensiere und ästhetisch rechtfertige. Genauso liest Bembo seinen Petrarca, und es erstaunt nicht, daß er im eigenen Eröffnungsgedicht den humanistischen Anspruch auf Ruhm für eine christliche Exempel-Funktion reklamiert.[11] Gaspara Stampa hingegen folgt weder dem Meister noch seinen Interpreten. Obschon sich ihre Bereitschaft zu einer direkten Bezugnahme auf den *Canzoniere* in der teilweise wörtlichen Übernahme gewisser Formulierungen zeigt („Voi, ch'ascoltate... il suon", „ove fia chi valor apprezzi e stime"), genügt eine erste Lektüre ihres Proömialsonetts, um den ihr eigenen Ton und auch den Neuerungsdrang herauszuhören. Bezeichnenderweise schenkt sie Petrarcas ambivalenter Kommunikationsstrategie, die zwischen Lesern und Nichtlesern unterscheidet, keine Beachtung, da sie als Dichterin die gesellschaftliche Anerkennung sucht.

Wir wollen uns das Vorgehen Petrarcas in Sonett I kurz in Erinnerung rufen. Das lyrische Ich spricht in den Quartetten zunächst nur den Kreis einfühlsamer Leser an, die selber Liebe und Liebesschmerz erfahren haben, und rechtfertigt sich insgeheim vor ihnen, derweil es in den Terzetten „vor dem ganzen Volk" Gefühle der Reue und der Scham bekundet. Ein moderner Leser erkennt hier sofort den Widerspruch: Der Dichter Petrarca fühlt sich der Liebe zu Laura und den daraus entstandenen Versen auch in der Mitte des Lebens noch immer verbunden, ist er doch, wie er sagt, nur „zum Teil ein anderer" geworden. Der Mensch erführe seine eigene Existenz dann als „nichtigen

Traum“ (wie es im Schlußvers heißt), wenn er frei von Leidenschaft, mit dem Leben abgeschlossen hätte. Dies aber würde eine asketische oder eine ironisch distanzierte Haltung voraussetzen, wie sie dem Dichter Lauras nicht entspricht.

Nach solchen subtilen Differenzierungen sucht man in Gaspara Stampas Eröffnungsgedicht vergebens. Ihre Aufmerksamkeit gilt vornehmlich inhaltlichen Belangen, den Seufzern und Klagen der Liebenden: So wie einst aus dem „Klang jener Seufzer“ die hohe Lyrik des *Canzoniere* entstand, so soll das Echo ihrer Liebesklagen die eigenen Verse durchdringen. Das Motiv der „trauervollen Reime“ und „dunklen Klänge“ durchzieht im Eröffnungssonett eine ganze Strophe und wird mit pathetischem Gestus vorgetragen:

Die ihr in diesen trauervollen Reimen,
in diesen trauervollen, dunklen Klängen
die Stimme meines Liebesleids erkennen
und nachvollziehen könnt; o wollt mein Weinen

nicht nur verzeihen, wollt mein wehes Klagen
– so mag es Wohlgeborenen auch ziemen –
mit Ehrfurcht hören und gebührend rühmen,
da doch die Gründe dafür so erhaben.

Deutlicher noch als in den Anfangsversen zeigt sich die Distanznahme gegenüber dem *Canzoniere* in der zweiten Strophe. Hier erhebt Gaspara – den Renaissancetopos von Virtus und Fortuna vor Augen – angesichts des von ihr erduldeten Liebesleides den Anspruch auf Ruhm, welcher ihr auf Grund ihrer dichterischen Leistung zustehe. In den Terzetten wendet sie sich an die Damen der Gesellschaft und klagt über das ungerechte Schicksal, das ihr die gesellschaftliche Anerkennung verweigere. Indem sie Fortunas Anfechtungen wiederum ihr dichterisches Talent entgegenhält, bekundet sie ein hohes Maß an Selbstbewußtsein. Nicht nur zeigt sie keine Spur von Reue; sie deklariert vielmehr vor aller Welt, daß sie nur deshalb andern Frauen nicht ebenbürtig sei, weil ihr der *nobil signore* die Ehre durch Heirat vorenthalten habe. Das Schlußterzett macht dieses Anliegen deutlich:

Wie konnte *ich* nicht solche Liebe finden,
solch Glück durch einen Herrn von solchem Adel,
wie mich mit einer solchen Frau nicht messen?

Auch das folgende Sonett der Stampa (II) erinnert an Petrarca. Dieser legt – in Sonett III – den Zeitpunkt der ersten schicksalhaften Begegnung mit Laura auf einen Karfreitag, was ihm ermöglicht, die düstere Passionsstimmung auf den zukünftigen Leidensweg des Liebenden zu übertragen. Gaspara Stampa hält sich konsequent an ihre eigene Erfahrung und widmet das entsprechende Sonett der Erinnerung an die Weihnachtszeit, während der sie erstmals mit Collaltino zusammentraf. Ihr

eigenes Herz wird dabei zur Krippe, zum warmen Nest, in dem die neugeborene Liebe gedeihen könne. Sie zögert nicht, theologische Begriffe wie „Himmelshöhen", „aus einer Jungfrau Leib" und „Mensch gewordener Weltenschöpfer" auf ihre Beziehung zu dem *nobil signore* anzuwenden, d. h. diesen zu vergöttlichen. Er ist ihre Sonne, ihr einziges Licht, ihr Herr – nur ihm fühlt sie sich verpflichtet (V). Später vergleicht sie sich sogar mit den Engeln, welche ihr gegenüber nur den Vorteil der ewigen Anbetung hätten, während ihre Liebe zeitlich begrenzt sei (XVII); dennoch erscheint ihr diese, solange sie Collaltino verbunden ist, als das einzig erstrebenswerte „Paradies" (XXIX).
Da sich die religiösen Vergleiche zur Beschreibung dieser irdischen Liebe bald erschöpfen, werden in der Folge vermehrt mythologische und astrologische Denkmuster herbeigezogen. In Sonett III wird der „verde, pregiato ed alto colle", der auf Graf Collaltino verweist, zum Musenhügel Helikon. Damit erfindet sie das entsprechende Thema zum poetischen Ort um Vaucluse, der dem Dichter Lauras als Sitz der Musen galt. Auch kreiert sie mit dem Begriff *colle*, Hügel, ein den Geliebten bezeichnendes Geheimwort, provenzalisch gesprochen einen *senhal*, der ihr – wie bei Petrarca der *lauro* (Lorbeer) – als lautlich-inhaltliche Anspielung dient. In Sonett IV preist sie die Vorzüge und Gaben ihres Geliebten, dem Saturn bei der Geburt den scharfen Verstand, Jupiter das Streben nach

Würde, Mars den Mut, Merkur die Eloquenz, Apollo und Venus Eleganz und feine Manieren in die Wiege gelegt hätten. Nur der Mond befinde sich bei ihm in einem ungünstigen Aspekt: Er habe dem Grafen jene Eiseskälte verliehen, mit der er die Glut der liebenden Frau löschen könne.

Nicht nur der Geliebte, sondern auch die ihn preisende Frau wird in den ersten Texten zur dichterischen Figur erhoben. Als besonders bedeutsam erscheint uns das Sonett VIII, dem wiederum die Virtus und Fortuna-Thematik zugrunde liegt. Die sich eingangs als „niedrige und bescheidene Frau“ bezeichnende Dichterin behauptet in der Folge, sie sei sehr wohl zur Liebe und zur künstlerisch adäquaten Darstellung derselben fähig: Herz und Feder würden vom Feuer der Begeisterung gleichermaßen erfaßt, und was sie aus eigener Kraft nicht schaffe, gelinge ihr durch das Wunder der Inspiration. Gaspara verweist hier auf eine in Italien seit Dante und dem Dolce Stil Nuovo verbreitete Dichtungstheorie, die das inspirierte Sprechen vom intensiven Liebesempfinden des Dichters abhängig macht. Zwar kennt auch sie den Topos des Unsagbaren und die Angst vor dem Verstummen, wenn die Macht der Gefühle sie erschüttert und lähmt (XXVIII). Doch beweisen die stetig neuen, manchmal auch eilig hingeworfenen Dichtungsversuche ihr ungewöhnliches rhetorisches Talent.

Nach einer ersten Serie von Lobgedichten werden die unterschiedlichen Phasen, die Gaspara im Verlauf ihrer Beziehung zu Collaltino durchläuft, von der An- und Abwesenheit des Geliebten bestimmt. Solange er bei ihr weilt, besingt sie seine Schönheit und seine Tugenden; hält er sich fern von ihr auf, wird sie von Sehnsucht gequält. Der Schmerz, den Collaltinos Schweigen verursacht, erweckt in ihr Todessehnsucht und sogar Selbstmordgedanken, doch schreckt sie vor diesem letzten Ausweg zurück, weil ihr Leben, wie sie sagt, „nur ihrem Herrn gehöre“ (LXXXV). Benedetto Croce hat diese Reihung situationsbezogener Texte etwas abschätzig als „Tagebuch-Dichtung“ bezeichnet.[12] Die von Gaspara Stampa bevorzugten metrischen Ausdrucksformen eignen sich indessen kaum für ein tagebuchartiges Aufzeichnen der inneren Befindlichkeit. Insbesondere ihre Sonette sind oft theatralisch angelegt: Die Dialog-Form, wie sie das Sprechen mit Amor, dem Geliebten, den andern Frauen, den eigenen Liebesqualen usw. erfordert, gehört zu den von ihr bevorzugten Spielarten. Auch darf das Verlangen nach Literarisierung in einem *Canzoniere* des 16. Jahrhunderts nicht unterschätzt werden. Selbst beim Evozieren einer Liebesnacht, wie sie das oft zitierte Sonett CIV beschreibt, weilen die Gedanken der Dichterin nicht nur bei Collaltino, sondern auch bei Properz, Catull und Ariost, die ähnliche Momente künstlerisch dargestellt hatten.

Nach der Erkenntnis des großen Liebesverlustes und nach den letzten, durch den Gedanken an die

Rivalin verursachten Eifersuchtsregungen bringt Gaspara endlich die Kraft zur Resignation auf (CXCIX). Es folgt eine kurze Epoche religiöser Besinnung, während der ein gütiger Gott die Rolle des *Signore* übernimmt. Doch schon bald wendet sie sich einer neuen Liebe zu, die in ihren Auswirkungen sogar über die frühere gestellt wird: Mehrere Sonette und einige Madrigale sind ihr gewidmet. Die vierzehn Anfangsbuchstaben des Sonetts CCXIX bilden akrostichisch den Namen des neuen Liebhabers: BARTHOLOMEO ZEN. Liebe sei Liebe, wird in der Folge behauptet, und ein Feuer brenne wie das andere: „Un foco eguale al primo foco io sento“ (CCXXI). Im gleichen Sinn äußert sich die Dichterin in einem andern Sonett dieser Serie:

> Kaum war die erste Glut erstickt, da hat
> mich Amor gleich zu neuer Glut entfacht,
> und heißer brenne ich an dieser neuen.
>
> (CCVIII)

Will sich die Stampa mit solchen Vergleichen an ihrem alten Liebhaber rächen? Oder beteuert sie nur ihren Glauben an die unwiderstehliche Macht Amors? Der sich überraschend schnell vollziehende Übergang von einer Leidenschaft zur andern kann aus petrarkistischer Sicht nicht zu einem stilgerechten Ende, d.h. zur Vergeistigung oder zur religiösen Sublimierung, führen. Immerhin mischt sich unter die stürmischen Gefühle der neuen Beziehung als wesentliche Erfahrung jene der „carità“, der selbstlosen Liebe, worin man vielleicht ein letztes Zugeständnis der Dichterin an die Gesetzmäßigkeiten eines *Canzoniere* sehen darf (CCXX). Der Eindruck, Gaspara Stampa habe sich in ihrer Rolle als Frau den Zwängen des petrarkistischen Regelkanons nicht unterwerfen wollen, bleibt dennoch bestehen. Auch Gabriele D'Annunzio scheint diese Ansicht zu teilen, wenn er den Helden des Romans *Das Feuer* über Gaspara Stampa und ihr Verhältnis zur zeitgenössischen Dichtung sagen läßt: „Zuweilen tönt durch den petrarcheskischen Stil des Kardinal Bembo ein schöner Schrei ihrer tödlichen Leidenschaft“.[13]

Georges Güntert

[1] Luigi Carrer, *Anello di sette gemme o Venezia e la sua storia. Considerazioni e fantasie*, Venezia 1838.

[2] Diodata Saluzzo Roero, *Gaspara Stampa*. In: *Le scrittrici dell' Ottocento. Da Eleonora De Fonseca Pimentel a Matilde Serao*, hrsg. von F. Sanvitale, Roma 1995, S.107-116.

[3] Gabriele D'Annunzio, *Il fuoco*. In: *Prose e romanzi*, hrsg. von N. Lorenzini, II, Milano 1989, S. 440 (dt. *Das Feuer*, München 1988).

[4] Rainer Maria Rilke, *Duineser Elegien*, I, München 1997, S. 9; und ders., *Die Aufzeichnungen des Malte Laurids Brigge*. In: *Sämtliche Werke*, hrsg. von E. Zinn, Bd. VI, Frankfurt/M. 1987, S. 833.

[5] Abdelkader Salza, *Madonna Gasparina Stampa secondo nuove indagini*, in: „Giornale storico della letteratura italiana", LXII (1913), S. 1-60 und S. 281-299. Man beachte ferner die von diesem Forscher besorgte Werkausgabe: Gaspara Stampa-Veronica Franco, *Rime*, Bari 1913.

[6] Den Versuch, Gaspara Stampa vom Verdacht des Kurtisanentums freizusprechen, wagen u. a.: Maria Bellonci, „Introduzione". In: Gaspara Stampa, *Rime*, hrsg. von R. Ceriello, Milano 1976, S. 5-25; Petra Wend, *The Female Voice: Lyrical Expression in the Writings of Five Italian Renaissance Poets*, Frankfurt/M. u.a. 1995 und Birgit Niemeyer, „Gaspara Stampa". In: *Frauen der italienischen Renaissance*, hrsg. von D. Hoeges, Frankfurt/M. u.a. 1999, S. 95-110. Anderer Meinung ist Marina Zancan, „Gaspara Stampa". In: dies., *Il doppio itinerario della scrittura*, Turin 1998, S. 155–180. Eine vorsichtig abwägende Haltung nimmt Irmgard Osols-Wehden ein: „Gaspara Stampa (1523–1554)". In: *Frauen der italienischen Renaissance. Dichterinnen, Malerinnen, Mäzeninnen*, hrsg. von I. Osols-Wehden, Darmstadt 1999, S. 67–80. Ähnlich argumentiert Giovanna Rabitti, „Lyric Poetry 1500-1650". In: *A History of Women's Writing in Italy*, hrsg. von L. Panizza und S. Wood, Cambridge 2000, S. 42-43.

[7] Gaspara Stampa, *Rime*, Venezia 1554.

[8] Zancan (s. Anm. 6), S. 169.

[9] Elisabeth Schulze-Witzenrath, *Die Originalität der Louise Labé*, München 1974, insbesondere das Kap. über Gaspara Stampa, S. 66–84.

[10] Dieser Meinung ist etwa Walter Binni: „Gaspara Stampa". In: *Critici e poeti dal Cinquecento al Novecento*, Firenze 1951, S. 3-16, und vor ihm schon Luigi Russo, „Gaspara Stampa e il petrarchismo del '500". In: *Belfagor*, XIII (1958), 1, S. 1–20.

[11] Andreas Kablitz, „Die Selbstbestimmung des petrarkistischen Diskurses im Proömialsonett (Giovanni Della Casa – Gaspara Stampa) im Spiegel der neueren Diskussion um den Petrarkismus". In: *Germanisch-Romanische Monatsschrift*, 42 (1992), 4, S. 381-414.

[12] Benedetto Croce, „La lirica cinquecentesca". In: *Poesia popolare e poesia d'arte*, Bari 1933, S. 266.

[13] Gabriele D'Annunzio (s. Anm. 3), dt. Ausg., S. 397.

RIME DI MADONNA
GASPARA
STAMPA.

Voi ch'ascoltate in queste meste rime,
In questi mesti, in questi oscuri accenti
Il suon de gli amorosi miei lamenti,
E de le pene mie tra l'altre prime,
Oue fia chi ualor'apprezzi, e stime,
Gloria, non che perdon, de' miei lamenti
Spero trouar fra le ben nate genti;
Poi che la lor cagione è si sublime.
E spero ancor, che debba dir qualch'una,
Felicissima lei, da che sostenne
Per si chiara cagion danno si chiaro.
Deh, perche tant'Amor, tanta Fortuna
Per si nobil Signor' à me non uenne,
Ch'anch'io n'andrei con tanta Donna à paro?
A

Erste Seite der Erstausgabe von 1554

Bemerkungen des Übersetzers

Der italienische Text basiert auf der von Rodolfo Ceriello besorgten und mit Anmerkungen versehenen Ausgabe von 1954 (Mailand: Rizzoli, 2.Aufl. 1976), die ihrerseits auf die einzige kritische Ausgabe, diejenige von Abdelkader Salza aus dem Jahre 1913 (Bari: Laterza) zurückgreift. Diese wiederum hält sich rigoros an den Text der Erstausgabe von 1554 (Venedig: Pietrasanta), welche die Schwester der Dichterin, Cassandra Stampa, zusammengestellt hat.

Die Auswahl folgt zu einem beträchtlichen Teil einer Vorauswahl von rund siebzig Sonetten, die Alessandro Grazzi, Rivanazzano, vor ein paar Jahren für mich vorgenommen hat. Hauptgrund für die Aufnahme in seinen Kanon war das, was er mit „piacevolezza poetica" umschreibt (von „piacevole" - „gefällig"), wobei er wohl unbewußt Walter Binnis Definition einer Richtung der Cinquecento-Lyrik übernimmt. (Bewußt verzichtet er aber auf das Wort „gravità" - „Schwere", welche laut Bembo in Verbindung mit „piacevolezza" Petrarcas Lyrik kennzeichnet, denn Schwere ist jeder Art von Manierismus – und damit dem Petrarkismus – fremd). Gedichte, in denen das spielerische, die unerreichten Vorbilder reflektierende Element im Zentrum steht, stießen auch bei mir auf Gefallen und bilden die tragenden Säulen (man denke nur schon an Anfang- und Schlußsonett) dieser Auswahl. Daß aber die Geschichte von Gaspara Stampas Liebesbeziehungen und ihrer späteren Reue von Anfang bis Ende, in ihrem ganzen Auf und Ab von Gefühlszuständen, nachvollziehbar werde, wurden auch einige Gedichte aufgenommen, die mit ihrem argumentativen Duktus vielleicht doch ein wenig „konstruiert" erscheinen – sie gehören aber zu Gaspara Stampas originellsten Schöpfungen. Meine besondere Vorliebe galt temperamentvollen, anklägerischen, eigene Schwächen (und Stärken) verherrlichenden sowie „poetologischen" Gedichten; damit wollte ich auch ein Gegengewicht zu den – im allgemeinen vorgezogenen – „sanften", elegisch-verklärten Gebilden schaffen, wobei mehrere Sonette erstmals ins Deutsche übersetzt wurden. Nicht zuletzt reizten mich pointenreiche Gedichte; sie bildeten für mich als Übersetzer eine Herausforderung, der ich mich mit besonderer Hingabe stellte.

Das Übersetzen von Sonetten bereitet spezifische Schwierigkeiten. Wie es die mitunter sicher reizvollen Nachdichtungen von Janssen (1922), Lanckoronski (1947) und Martersteig (1948) anschaulich machen, kann die sklavische Einhaltung des Reimschemas (vor allem die Beibehaltung der gleichen Reime im zweiten Quartett) leicht zu Verrenkungen der deutschen Syntax führen sowie – was noch störender wirkt – zu einer inhaltlichen Approximierung, die gerade bei einer so logisch denkenden und so prägnant formulierenden Dichterin wie Gaspara Stampa schwerlich gerechtfertigt werden kann, wobei aber gesagt sei, daß dies früheren Gepflogenheiten durchaus entspricht. Noch vor wenigen Jahrzehnten wurden Abweichungen vom originalen Reimsystem (aber auch unreine Reime) als ungebührlich empfunden. Aber schon 1964 hat Hugo Friedrich einige Stampa-Sonette reimlos übersetzt. Diese Freiheit geht mir zu weit. So habe ich mich auf der Suche nach dem unvermeidlichen Kompromiß an folgende Regeln gehalten: Im zweiten Quartett wurde bei fast allen Gedichten ein neues Reimpaar benutzt; aus den umarmenden Reimen wurden gelegentlich Kreuzreime; in den Terzetten wurde jede mögliche Variante als legitim betrachtet. Wert legte ich darauf, bei der Wahl männlicher oder weiblicher Reime einem klaren, alle Strophen umfassenden System zu folgen, wobei der weibliche Reim, der die Kadenz des Originals am ehesten wiederzugeben vermag, bevorzugt wurde. Wichtigste Priorität aber war mir die Klarheit in der Gedankenführung, die in der Regel die Beibehaltung der originalen syntaktischen Struktur voraussetzt. Dies nun war die schwierigste meiner Aufgaben: man bedenke, daß einige Stampa-Sonette aus einem einzigen Satz bestehen; bei anderen – und nicht wenigen – bilden die beiden Quartette ein einziges Satzgefüge, mit einer Reihe z.T. gewagter Enjambements.

Die – für mich unbestreitbare – Ironie der Autorin, die überlegen mit petrarkesken Vorlagen spielt, drückt sich manchmal in ungewöhnlichen und überraschenden Reimen aus, so etwa in CXLVIII „troppo - aggroppo - zoppo“ oder in CCLXXXIII „callo - sallo - ballo - fallo“. Hier habe ich versucht, wenn mir ein gleiches mit den Reimen – auch unreinen! – nicht gelang, anderweitig zu kompensieren. Der unreine Reim mag unsonettistisch sein, aber um der klaren Gedankengänge willen, der Beibehaltung stilistischer Merkmale wie etwa der Anaphern, habe ich zu ihm Zuflucht genommen. Vielleicht lesen sich die Übersetzungen so ein bißchen moderner als die Originale. Dies würde mich nicht stören, war mir doch Lesbarkeit ein besonderes Anliegen; ihm aber konnte ich nur gerecht werden, indem ich versuchte, den Texten das Gepräge der zeitgenössischen deutschen Literatursprache zu geben. Da Übersetzungen ohnehin leicht veralten, erachte ich eine bewußt altertümliche Wiedergabe als problematisch, so habe ich z.B. aus dem „voi“ ein „Sie“ gemacht – und nicht, wie sonst üblich, das „Ihr“ beibehalten.

Vielleicht habe ich dabei des Guten etwas zuviel getan, ein bißchen zu forsch, zu unvermittelt übersetzt. Doch: es ist unmöglich, die zeitliche und – wer weiß – auch ironische Distanz von fast einem halben Jahrtausend, die uns von Gaspara Stampas

Lyrik trennt, einfach zu ignorieren, auch nicht, was seither an literarischen Denkmälern geschaffen wurde. Ich kann und will nicht verheimlichen, daß ich Heine und Wilde gelesen, mich an Puschkin ergötzt und mit Mallarmé, Kavafis und der neueren italienischen Poesie eine Art intime Vertrautheit habe. Diese – und viele andere – Erfahrungen sind natürlich in meine Übersetzungen eingeflossen und waren daran beteiligt, eine neue Gaspara Stampa zu schaffen, und zwar in einer zeitgenössischen, aber doch nicht gekünstelt modernen Sprache, wobei ich bestrebt war, den Duktus und die heute nicht mehr gewohnte Metaphorik des Originals auch in der Übersetzung möglichst unverfälscht zu bewahren.

Neben Alessandro Grazzi gilt mein Dank Hinrich Hudde, Erlangen, der mit einer Reihe von Kommentaren zu Original und Übersetzung zum Gelingen des Werks ebenso beigetragen hat wie Christine Fischer, Jena, ohne deren Engagement das Manuskript immer noch brachliegen würde. Die Anregung zu diesem Band (und dessen Realisierung) aber verdanke ich Hannelore Klemm, Mainz, die damit wiederum beweist, daß sich Kunstverstand und verlegerisches Geschick nicht ausschließen.

Ragusa, im Juni 2002
Christoph Ferber

Verzeichnis der Sonette

Vom gleichen Übersetzer:

Michail Lermontov, An ***.
Gedichte, Strophen, Albumverse.
Russisch-Deutsch.
Ausgewählt und übersetzt von Christoph Ferber,
mit einem Nachwort und Anmerkungen
von Ulrich Schmid
312 S., Ln., Mainz 1991, ISBN 3-87162-008-4

*

Juliusz Słowacki, Des Dichters größter Ruhm.
Ausgewählte Lyrik.
Polnisch-Deutsch.
Übersetzt von Christoph Ferber,
mit einer Einleitung von Peter Brang
und einem Nachwort von Ulrich Schmid.
151 S., br., Mainz 1997, ISBN 3-87162-041-6

*

Vincenzo Cardarelli, Gedichte.
Italienisch-Deutsch.
Ausgewählt und übersetzt von Christoph Ferber.
Mit einem Nachwort von Ottaviano Giannangeli
und Christoph Ferber.
168 S., br., Mainz 1996, ISBN 3-87162-038-6

DIETERICH'SCHE VERLAGSBUCHHANDLUNG
MAINZ

Die Deutsche Bibliothek – CIP-Einheitsaufnahme
Stampa, Gaspara:
Sonette : italienisch-deutsch / Gaspara Stampa.
Ausgew. und übers. von Christoph Ferber.
Mit einem Nachw. von Georges Güntert. –
Mainz : Dieterich, 2002
ISBN 3-87162-055-6